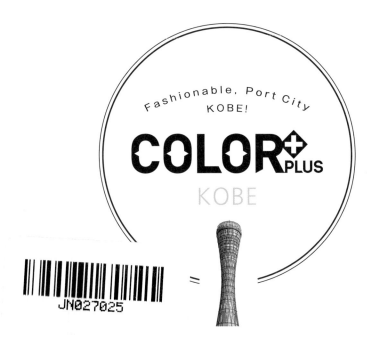

Fashionable, Port City
KOBE!

COLOR+PLUS

KOBE

JN027025

Ready to go!

グッドモーニング！
今日はナニスル？

#神戸港に朝がきた　》P.56

#おいしいパン　》P.44

#アート鑑賞　》P.28

#ベイエリアさんぽ　》P.58

#フォトスポット　》P.56

ヒラケ！
コウベ・
タイカン・
ジャーニー！

Look at!

#コーヒースタンド　≫P.40

#北野異人館　≫P.48

#ブレックファスト　≫P.66

#神戸の美景を求めて　≫P.106

ボクら、神戸の人気フード

お楽しみのランチ♪ナニ食べる？

（右から）素材が生きる手作りアイスクリーム「Harlow ICE CREAM」（≫P.27）、ふわふわドーナツ「THE CITY DONUTS AND COFFEE」（≫P.26）、かわいいスイーツがキブン「HANAZONO CAFE」（≫P.26）、色とりどりのタンブラー「UNICORN」（≫P.40）

時を重ねたエレガントな世界が
神戸にはあります。

#異人館　≫P.50

#洋館カフェ　≫P.18

#フォトジェニックな壁アート　≫P.64

（右から）かわいいアイテムがいっぱい「ViVO,VA」(▶︎P.88)、ベルガモットが香るアールグレイジェラートが楽しめる「& EARL GREY 神戸本店」(▶︎P.27)、旬の果物を使ったチーズケーキが人気の「niji cafe」(▶︎P.37)、おいりをトッピングしたカラフルなクリームソーダ「café de Agenda」(▶︎P.36)、かわいいサブレを詰め込んだデザイン缶「ル・パン神戸北野 本店」(▶︎P.97)

やさしい気持ちになれるファンシーなカラーたち

#いつだってカラフル雑貨 ▶︎P.86

音楽に合わせて踊る噴水に
ついつい見惚れちゃう♥

#ライトアップする噴水 ≫P.56

（右から）イルミネーションがきらめくベイエリアの夜景（≫P.56）、近代建築が林立する旧居留地（≫P.62）、ベイエリアにある水族館「AQUQRIUM×
ART átoa」（≫P.24）は、20時までオープンしているので、夜のデートにもぴったり

027 |

026 |

024 |

022 |

036 |

035 |

033 |

028 |

What do you feel like doing?

067 |

064 |

060 |

056 |

114 |

109 |

082 |

076 |

icon ☎電話番号　休休業・休館日　🕐営業・閉館時間　¥料金　♥所在地
🚶アクセス　P駐車場　MAP地図掲載ページ

※本書のご利用にあたりましては、P.126の〈本書ご利用にあたって〉をご確認ください

#観覧車　#ハーバーランド

📍 モザイク大観覧車 ≫ P.58

#雑貨　#トアロード

📍 mi-chu. ≫ P.86

#フォトジェニック　#レトロ

📍 萌黄の館 ≫ P.51

#シャーロック・ホームズ

📍 英国館 ≫ P.52

WELCOME TO Kobe 神戸
Get Ready!

#アイスクリーム　#手作り

📍 Harlow ICE CREAM ≫ P.27

#ケーキ
#パティスリー

📍 パティスリー グレゴリー・コレ ≫ P.32

#チャイナタウン　#屋台

📍 南京町 ≫ P.60

#麺　#中国料理

📍 大陸風 元町店 ≫ P.72

PICK UP!

〖 元町 〗

トアロード ≫ P.86

＼ほしい！／

雑貨やアパレルショップ、カフェが集まり、神戸のトレンドを発信する人気エリア。

〖 ベイエリア 〗

メリケンパーク ≫ P.56

＼シンボル／

ベイエリアのランドマーク、神戸ポートタワーがそびえ立つメリケンパークをお散歩。

〖 北野 〗

異人館 ≫ P.48

＼まるでヨーロッパ／

神戸開港後に神戸で暮らす外国人が建てた個性豊かな洋館。現在、公開しているのは15館。

〖 旧居留地 〗

近代洋風建築 ≫ P.62

＼ステキ！／

大正初期から昭和初期の近代建築が林立する旧居留地。豪奢な建築は圧巻の美しさ。

〖 三宮 〗

神戸ビーフ ≫ P.78

＼おいしそう！／

神戸で食べたいものベスト1に輝く神戸ビーフ。シェフの鉄板パフォーマンスも見逃せない。

〖 南京町 〗

屋台グルメ ≫ P.70

＼活気いっぱい／

種類豊富な屋台フードが並ぶ南京町。豚まんや麺類、小籠包など好きなフードを食べ歩き。

map of Kobe

北野
異国を感じるレストランやセンスあふれる雑貨店がいっぱい

北野

有馬温泉
関西を代表する温泉地、歴史ある温泉と情緒ある街並みが魅力

有馬温泉
六甲
摩耶山
新神戸駅
三ノ宮駅

神戸電鉄有馬線
六甲山
山陽急行
北神急行
山陽新幹線
神戸布引ロープウェイ
山陽新幹線

新神戸駅
山陽新幹線の駅もある神戸の陸の玄関口。街めぐりに便利なシティールーブのバス停もあり

新神戸駅
北野通
異人館
異人館通
北野坂
地下鉄西神・山手線

中山手通
●生田神社

元町
高架下の商店街や中華街の南京町など、活気あふれる庶民的な下町エリア

トアロード

阪急神戸線
JR神戸線
阪神本線

三宮駅　三ノ宮駅

阪急神戸高速線
元町駅
阪急神戸三宮駅
阪神神戸三宮駅
阪神元町駅
旧居留地・大丸前駅
三宮・花時計前駅

元町

三宮
ターミナル駅を基点に飲食店やファッションビル、商店街などが集まる神戸の中心地

三宮

三宮駅前

地下鉄海岸線
みなと元町駅
南京町

ポートライナー
フラワーロード

旧居留地
レトロビルの建築美とトレンドを発信する感度の高い洗練されたエリア

旧居留地

神戸駅
ベイエリア
ハーバーランド駅
ハーバーランド
モザイク
観覧車

メリケンパーク
東遊園地
神戸ポートタワー

旧居留地

神戸空港
三宮までポートライナーでわずか18分

神戸港
神戸空港

Let's go to Kobe!
map of Kobe

---

05 市内の移動は徒歩か鉄道・バスが基本

移動はJRや私鉄、地下鉄、バスなどをメインに。商業施設や郊外の観光地を除いて、多くの店は駐車場がなく、近隣のコインパーキングも料金が高いところが多い。

03 航路は神戸空港と伊丹空港 新幹線は新神戸駅が玄関口

飛行機利用の場合は神戸港沖にある神戸空港や伊丹空港が玄関口に。新幹線の発着駅である新神戸駅とJR神戸駅はまったく異なる位置にあるので注意。

01 王道スポットめぐりは1泊2日でOK

見どころが集結しているので1日でも十分に楽しめるが、1泊して1000万ドルの夜景もぜひ見たい。ひと足延ばして有馬温泉の旅館に宿泊するのもオススメ。

旅のキホン

エリアごとにそれぞれの個性が光る神戸。エリア同士は比較的近く、歩ける場所も多いので事前に地図で距離感を把握しておこう。その他のエリアへの移動は電車やバスを上手に活用しよう。

06 大阪からは電車で約30分

大阪(梅田)駅へはJRや私鉄の阪急・阪神電車で約30分で到着する。さらにJRと阪急電車をそのまま京都へも約1時間で移動でき、三都めぐりも堪能できる。

04 三宮と元町は徒歩圏内

三宮駅~元町はJRや阪神電車など鉄道で移動もできるが、徒歩でも15分ほどの距離。駅間の高架下の商店街「ピアザKOBE」を歩けば雨天時も楽々。

02 神戸観光の拠点は三宮駅

神戸市内はもちろん、大阪・京都からアクセスの拠点となるのは三宮(三ノ宮)駅。6つの路線が集まり市バスの乗り場も集まっている。周辺にはロッカーが充実。

11

culture
兵庫県出身の女優が美人ぞろいと話題

神戸出身の北川景子、戸田恵梨香をはじめ、兵庫出身の有村架純、平愛梨、水原希子、上野樹里、相武紗季、松下奈緒、藤原紀香、壇れい、芦田愛菜など女優だけでもそうそうたる顔ぶれ。

plan
異人館めぐりはチケット共通券がお得

異人館がグループごとに発行する独自の割引券を利用すれば、お得に異人館めぐりが楽しめる。行きたい異人館を見つけて上手にお得にめぐろう。

異人館セット券リスト		
	料金	スポット
3館パスポート	1400円	香りの家オランダ館、ウィーン・オーストリアの家、デンマーク館
北野通り3館バス	1540円	英国館、洋館長屋、ベンの家
山の手4館バス	2200円	うろこの家・展望ギャラリー、山手八番館、北野外国人倶楽部、坂の上の異人館
北野7館プレミアムバス	3300円	うろこの家・展望ギャラリー、山手八番館、北野外国人倶楽部、坂の上の異人館、英国館、洋館長屋、ベンの家

shop
ハイカラ文化の象徴 神戸元町商店街

東西を結ぶ全長1.2kmの商店街、神戸元町商店街は、1953年に日本で初めて本格的な鉄骨造りのアーケードとして誕生した。現在でも老舗洋菓子店やファッション、雑貨の店が軒を連ね地元っ子やツーリストが集まる。

route
夢のステージ"タカラヅカ"は三宮から電車で約30分

100年以上の歴史をもつ宝塚大歌劇の本拠地である、専用劇場「宝塚大劇場」がある宝塚。ファンならずとも一度は耳にしたことがあるであろうこの地名。神戸の北東に位置し、三宮からは阪急電鉄で約30分。

route
さんのみや駅は6つもある!?

JRの「三ノ宮」駅をはじめ、阪急、阪神の「神戸三宮」、地下鉄西神・山手線、地下鉄海岸線、ポートライナー各線の「三宮」駅と合計6つの三宮駅が周辺に集まっている。目的地まではどの路線が便利か事前にチェックしよう!

route
神戸周遊にはシティーループが便利

神戸の主要な駅と観光スポットを循環し、好きな場所で乗降できる循環バス「シティーループ」を使えば神戸観光が楽チンに。車内ではガイドが神戸の街を案内するので神戸ビギナーにもおすすめ。1回乗車260円、1日乗車券700円、交通系ICカードの利用も可能。

詳しくは》付録 P.15もチェック。

plan
北野は坂が多いので履きなれた靴を

北野は高台にあるため坂が多い。異人館めぐりは傾斜のきつい坂を行ったり来たりする必要があるので、スニーカーや履きなれた靴がベスト!

plan
情報収集するならまずは観光案内所へ

JR三ノ宮駅の東改札口を海側に出てすぐにある総合観光案内所、神戸市総合インフォメーションセンター「インフォメーション神戸」。街歩きで困ったり、知りたいことがあるときに頼りになる、トラベラーの駆け込み寺。

三宮 ▶ **MAP** 付録 P.9 D-1

plan
覚えておくと便利!山側と海側

JR線より北側=「山側」、南側=「海側」。神戸で地図を確認する場合や人に道を尋ねる場合のキーワードとなるので覚えておくと便利!

SEASONAL CALENDAR

イルミネーションが美しい冬 　　　六甲山で秋景色を堪能 　　　夏は爽やかにクルーズ体験 　　　春は花にまつわるイベントも多い

3月	2月	1月	12月	11月	10月	9月	8月	7月	6月	5月	4月

旬の食材

- ノリ(1〜4月)
- イカナゴ(2月下旬〜4月上旬)
- 二郎いちご(1〜6月)
- シャコ(3〜6月)
- マダイ(3月中旬〜4月中旬)
- マダイ(9月下旬〜11月中旬)
- メバル(3〜8月)
- ワタリガニ(12〜3月)
- マダコ(6〜7月)

四季の花

- サクラ(神戸市立王子動物園)
- ウメ(須磨離宮公園)
- コスモス(瑞宝寺公園)
- キク(明石公園)
- 紅葉(六甲山・有馬温泉)
- バラ(六甲カンツリーハウス)
- ラベンダー(神戸布引ハーブ園)
- アジサイ(六甲山)
- ボタン(須磨離宮公園)

日の出

6:29	6:58	7:06	6:47	6:19	5:53	5:32	5:09	4:49	4:48	5:10	5:47

日の入

17:55	17:28	16:59	16:49	17:06	17:44	18:27	19:02	19:17	19:07	18:44	18:20

気温

max.: 13.5 / 10.1 / 9.4 / 12 / 17.5 / 23.2 / 28.8 / 32.2 / 30.4 / 26.7 / 23.6 / 18.9
min.: 6.3 / 3.4 / 3.1 / 5.7 / 10.9 / 16.7 / 22.6 / 26.1 / 24.7 / 20.6 / 16.5 / 11.4
(℃)

3月	2月	1月	12月	11月	10月	9月	8月	7月	6月	5月	4月

雪はあまり降らないが、気温が下がる日があるので厚手のセーターなどで防寒を。

紅葉も楽しめる**快適な気候**で観光にもおすすめ。夜は羽織るものがあると安心。

7〜8月は非常に蒸し暑くなる。こまめに水分補給を行って日差し対策も忘れずに。

6月〜雨季だが降水量は平均的。浜風や山からの北風で**穏やかな気候**が保たれている。

季節のイベント

- 12月　初旬〜3月末●北野
  北野坂・異人館ライトアップ
- 1月　中旬●市内全域
  神戸ルミナリエ
  下旬〜2月上旬●南京町
  南京町 春節祭
- 2月　3日●湊川神社
  湊川神社 節分祭
- 9月　中旬〜10月中旬●南京町
  南京町 中秋節
- 10月　上旬●北野
  KOBE JAZZ STREET
- 11月　2・3日●有馬温泉
  有馬大茶会
- 6月　上旬〜中旬(旧暦の5月5日)●南京町
  南京町端午節
- 7月　15日●生田神社
  生田神社 千燈祭
- 8月　下旬●北野
  北野国際夏まつり
- 4月　下旬〜5月上旬の3日間●北野
  インフィオラータ神戸
  上旬●王子動物園
  夜桜通り抜け
- 5月　第3日曜●市内全域
  神戸まつり

※日の出・日の入りは神戸の2023年各月1日のデータ(国立天文台HPより)、平均気温は1991〜2020年神戸市平均データ(気象庁HPより)です。イベントデータは2024年1月現在の情報です。中止・変更される場合がありますので事前にご確認ください。

13

PLAN

Kobe 神戸

1泊2日フルスロットル 神戸の今を楽しむ！

神戸 Let's Go!

神戸を効率よく、欲ばりに楽しむプラン。充実の旅のヒントが盛りだくさん。

1日目 まずは王道コースでじっくり神戸遊び

POINT
山手から海側へ移動し神戸らしさを満喫する王道プラン。各エリアをめぐりながらだと徒歩での移動も可能！

10:00 🚄 新神戸駅 着

10:10 北野異人館めぐり

萌黄の館 》P.51

風見鶏の館 》P.48

コレぞ異国情緒たっぷり！

うろこの家・展望ギャラリー 》P.50

Lunch!

13:00 三宮で洋食ランチ

名物のビフカツ

ビフカツサンドはテイクアウトもできるよ

欧風料理もん 》P.68

Sweets!

15:00 トアロードでスイーツ&雑貨さがし

かわいいアイテムに目移りしちゃう♥

mi-chu. 》P.86

フォトジェニックなスイーツに夢中

HANAZONO CAFÉ 》P.26

Dinner!

18:00 南京町で晩ゴハン

カラフルなチャイナタウン

おいしい本場の味をめしあがれ

大同行・台湾タンパオ 南京町店 》P.71

昌園 》P.74

20:00 ベイエリアで夜景を堪能

幻想的でロマンチック

good night!

街ナカホテルに宿泊

メリケンパーク 》P.56

メリケンパークの噴水も必見！

14

【2日目】旬の神戸をチェック

BE KOBE

POINT
ベイエリアで撮影を楽しんだら、ショッピングとランチへ♪

9:00 ベイエリアを散策

おしゃれな壁アート発見!

Good Morning!

神戸ポートタワー ≫P.57

Lunch!

12:00 栄町・海岸通りでランチ&ショッピング

おいしいビーフン

キュートな手づくり雑貨

健民ダイニング ≫P.73

PoLeToKo ≫P.88

15:00 旧居留地を散策&カフェ

まるで外国にいるみたい

豪華なアフタヌーンティー

新神戸駅

TOOTH TOOTH maison 15th ≫P.19

こんなのもあるよ♪

【2日目 オプション】

【コース2】神戸の海と山の景色を満喫

10:00 神戸港をクルージング

POINT
クルージングやロープウェイに乗って、神戸のいいとこどり

45分間のクルーズに出航!

神戸リゾートクルーズ boh boh KOBE号 ≫P.104

Lunch!

13:00 神戸ビーフ ランチ

鉄板パフォーマンスにうっとり

ビフテキのカワムラ三宮本店 ≫P.78

15:00 布引ハーブ園

標高400mから神戸の市街地を一望

ロープウェイで山頂へ

新神戸駅

神戸布引ハーブ園ロープウェイ ≫P.106

【コース1】アートと動物に癒やされる +もう1泊する

Breakfast

8:00 朝ごはん

POINT
ひと足延ばして王子動物園を堪能。もう1泊できるなら有馬温泉で宿泊するのもオススメ

1日のスタートを彩るおいしい朝食

dining social ≫P.67

11:00 王子動物園

トラもいるよ

コアラもいるよ

神戸市立王子動物園 ≫P.108

14:00 横尾忠則現代美術館

ミュージアムグッズも充実

横尾忠則現代美術館 ≫P.29

16:00 有馬温泉へ

有馬温泉 ≫P.110

温泉情緒ただよう歴史ある温泉街

15

いま、神戸で
ハッピーになれること。

Kobe makes me Happy

PEANUTS HOTEL
ピーナッツホテル
» P.22

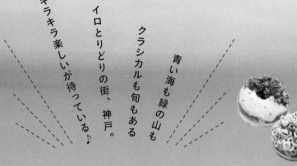

青い海も緑の山も
クラシカルも旬もある
イロとりどりの街、神戸。
キラキラ楽しいが待っている♪

My

まるで絵画みたい！

クラシカルな洋館 × カフェ で過ごす
優雅な時間

調度品に囲まれた優美な空間で食事やスイーツ、アルコールを楽しめる洋館カフェ。その世界観に溶け込むスペシャルな時間を過ごしましょ。

神戸港開港の直後から外国人が多く住んだ神戸には、彼らが住居として構えた洋館や教会が今なお多く残る。洋画に出てきそうな豪奢な外観は見るだけでもうっとりしてしまうほど。ちょっと中も覗いてみたい？そんなときは、洋館をリノベーションしたカフェへ足を運ぼう。時代を重ねたムードを感じながら楽しむ食事やスイーツは格別なものに。

元教会のクラシカルな空間で
神戸で愛され続ける老舗のパンを

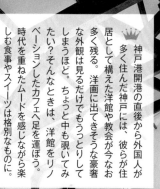

LOCAL's ADVICE

フォトグラファー
Nobuya Fuke

Delicious

Classical Style

スイートハート（プレーン）
10枚 ¥2,538
ドイツでは縁起が良いとされる豚の耳モチーフのパイ

**ローストビーフ
サンドウィッチ
¥2,310**
自家製ローストビーフに、デミグラスソースとマスタードマヨが相性抜群

ウィナー（ドイツコッペ）¥648
第2次大戦後間もなく首相を務めた吉田茂が毎週取り寄せていたという逸品。本場ドイツの味

1. カフェの天井に輝く豪奢なシャンデリア　2. 重要文化財に登録されている重厚な建物　3. 教会だった雰囲気を今に残す、高い天井の2階のカフェスペース　4. 1階は焼き立てのパンや焼き菓子などを販売するショップ

フロインドリーブ

大正13（1924）年創業のジャーマン・ホーム・ベーカリー。代々伝わる製法を守り、煉瓦窯で焼くパンは格別の味。元教会だった建物の雰囲気を楽しめる2階のカフェでオリジナルサンドイッチが味わえる。

北野 ▶ MAP 付録 P.7 D-3

☎078-231-6051 休水曜（祝日の場合は翌日休）、臨時休あり ◎10:00〜18:00（イートインは〜17:00）♀中央区生田町4-6-15 ♥JR三ノ宮駅から徒歩13分 Ｐ10台

6つの部屋から選べる
洋館スターバックス

Various types

スターバックス コーヒー
神戸北野異人館店

スターバックスコーヒーこうべきたのいじんかんてん

明治40(1907)年建築の異人館内で営業
するスターバックス コーヒー。調度品が置
かれた全6室の部屋は、テイストが異なる
造りなので、好みの部屋で歴史の香りに
包まれながらコーヒー時間を堪能したい。

北野 ▶**MAP** 付録 P.6 B-2
☎078-230-6302　休不定休
⏰8:00～22:00　⌂中央区北野町3-1-31
🚶JR三ノ宮駅から徒歩13分　Ｐなし

スターバックス
ラテ
トールサイズ
￥490
シナモンロール
￥365

1. この店舗のために作られた木製
の店舗ロゴ　2. 白×緑の木造2階
建て1階と2階に部屋があり、そ
れぞれ趣きが異なるので気分やシーンに合わせて選べる　3. シャンデリアが輝くリ
ビングルーム　4. 眺め抜群の2階サンパーラー席が一番人気　5. 2階のゲスト
ルームは隠れ家風　6. カジュアルな雰囲気のダイニングルーム

1. コロニアル様式のクラシカルな空間に現代のセンスが見事に融合　2. ランチシーズナ
ルコース4840円　3. 絵本に出てきそうな白い柵が目印の建物(建物所有者㈱ノザワ)
4. 爽やかなそよ風が気持ちいいテラス席で、あこがれのアフタヌーンティーを

TOOTH TOOTH maison
15th

トゥーストゥースメゾンジュウゴ

神戸に現存する異人館のなかでもっとも
古い「旧神戸居留地十五番館」にあるカ
フェレストラン。アジアや西洋、さまざ
まなジャンルを取り入れたシェフ自慢の
"神戸キュイジーヌ"が楽しめる。

旧居留地 ▶**MAP** 付録 P.8 B-4
☎078-332-1515　休不定休　⏰11:00～
19:30(ランチは～13:30)　⌂中央区浪花町15
🚶JR元町駅から徒歩8分　Ｐなし

afternoon tea

アフタヌーンティーセット
1名 ￥4,290
(2名から、完全予約制)
おすすめの季節のスイーツを
お好みの紅茶と共に味わえる
※季節により内容は異なる

クラシックモダンの洋館で
優雅なティータイムを

インポートアイテムが集まる街

外国生まれ × 雑貨で
世界を旅する

雑貨店の多い神戸には世界中のモノが大集合!
各国の選りすぐりをそろえる
店主のこだわりがつまったお店へ。

神戸といえば、雑貨店が多いのも特徴のひとつ。異国カルチャーの名残りと、日々の暮らしを大切にする神戸らしいライフスタイルが関係しているのかもしれません。世界の各地から買い付けられたこだわりのアイテムは、ストーリーを感じるものばかり。お店に訪れるだけで、その土地を旅したかのような気分が味わえるかも!?

LOCAL's ADVICE
スタイリスト
Emika Matsumoto

from Russia

**宇宙飛行士の
キーホルダー
¥1,000**
ヘルメットには
CCCP(ソビエト
社会主義共和国
連邦)の文字

**木の人形
(チェブラーシカ/
ゲーナ)
各¥880**
ロシアの人気キャラクター、チェブラーシカと友人のワニのゲーナ

**マトリョーシカ5ピース
¥4,800**
1点ずつ異なる手書きの表情が愛らしい

**きのこペン
¥840**
マトリョーシカなど多彩なデザインがある

from Mexico

**ブリキの
オーナメント
¥1,320**
部屋にさりげなく飾れるサイズ感も◎

**メキシコのクッション
カバー ¥8,800**
カラフルな刺繍がインテリアに映えそう

**ガイコツのピアス
¥1,980**
アクセサリーとしても飾ってもかわいい

**フリーダ・カーロの
モチーフ
¥1,320**
まゆ毛がつながっているのがポイント

mano
マノ

スペイン語で「手」を意味するマノ。メキシコやグアテマラを中心に、同じものが2つとないハンドメイドのものをそろえる。

ロシア雑貨
いりえのほとり
ロシアざっかいりえのほとり

さまざまな種類のマトリョーシカやロシアの至宝ファベルジェの卵を模したアクセサリーのほか、ロモノーソフの食器、ベレスタなど豊富なアイテムが並ぶ。

北野 ▶ **MAP** 付録 P.6 B-4
☎078-777-7631 休火・木曜 ⏰13:00～18:30
📍中央区中山手通2-18-1 1階 🚃JR三ノ宮駅から徒歩10分 🅿なし

北野 ▶ **MAP** 付録 P.6 B-3
☎078-291-0031 休月曜 ⏰11:00～17:00(土・日曜、祝日は10:30～18:00) 📍中央区山本通2-9-15 🚃JR三ノ宮駅から徒歩15分 🅿なし

Special 2

MANDRAKE
マンドレイク

アフリカン・バティックを使った独特な色合いや柄が魅力のオリジナル雑貨を発信。世界各国で買い付ける雑貨や小道具も並ぶ。

六甲道 MAP 付録 P.2 B-3

📞078-862-5184
🏠火曜(祝日の場合は営業)
🕐11:30〜18:30(夏期は〜19:00)
📍灘区八幡町4-9-27 六甲ビル202
🚃JR六甲道から徒歩10分
Ｐなし

from Africa

ガマロ(横長)
¥3,520
アフリカンプリントがおしゃれ。内布もかわいい

アフリカンバティック傘
¥16,280〜
毎シーズンさまざまな色柄が登場する人気商品

エコバッグS
¥2,200
肩から下げられる長さ&マチありで使いやすい

カマルドリ修道会の蜂蜜リップクリーム
¥2,000
素敵なパッケージはおみやげにもぴったり

from Italy

バスオイル ベルガモット
¥3,650
植物由来の成分で、肌にやさしくリラックス

クラリッセ修道会レシピのローズ石鹸 ¥1,800
泡立ちのよさと植物エキスで肌をなめらかに

Ai Monasteri
アイモナステリ

明治27(1894)年にローマで創業し、修道院のレシピを使用した自然派ブランド。ハーブのスキンケアやアロマグッズに、はちみつなどの輸入食品もそろう。

トアウエスト MAP 付録 P.8 B-2

📞078-321-2750
🏠不定休
🕐11:30〜19:30
📍中央区北長狭通3-5-10 亀井ビル1階
🚃JR元町駅から徒歩3分
Ｐなし

プチバンマルチクロス
各¥1,100
フランスメイドならではのシックなデザイン

from France

マルシェカゴ
¥6,160〜
マルシェカゴは豊富なデザインやサイズを展開

DE LA NATURE
デュラナチュール

フランスのキッチン雑貨やファッション小物など、使い心地の良いものをセレクト。風合いが魅力のリネンなど、使うほどに愛着の湧くものばかり。

トアロード MAP 付録 P.8 B-2

📞078-393-5910
🏠不定休
🕐13:00〜17:30
📍中央区北長狭通3-12-3
🚃JR元町駅から徒歩5分
Ｐなし

Room 47

I NEED PLENTY OF REST IN CASE TOMORROW IS A GREAT DAY!

SLEEPING AGAIN

Room 61

①
②

JOE COOL

Room 43

④

Room 57

③

1度は泊まってみたい

スター級キャラ × デザインホテルで 夢見ごこちのステイ

ピーナッツに登場するスヌーピーや個性的な仲間たちをテーマにしたホテルが話題に！

LOCAL's ADVICE

スヌーピー大好き
ショップ店員
Kotaro Yoshi

3F Restaurant

A GREAT LIFE IS DINNER

ランチもディナーも楽しめる。
HPから予約可

スヌーピーとチャーリー・ブラウンがお出迎え♪

神戸牛のハンバーグ
淡路オニオンソース
¥3,520

「PEANUTS DINER 神戸」
神戸の食材をベースに、PEANUTSの仲間のエピソードを盛り込んだ料理がいっぱい。
☎078-862-3912　🕐11:00～22:00

PEANUTS HOTEL

PEANUTS HOTEL
ピーナッツホテル

全18室の客室はすべて異なるデザインで、"ピーナッツ"のコミックのコンセプトを表現。1階にはカフェ、3階にはダイナーが併設されているので宿泊以外でも楽しめる。

北野　▶MAP 付録 P.6 B-4
☎078-200-5848　㊡不定休
🕐IN15:00/OUT11:00
🛏1室朝食付 3万3000円～
📍中央区中山手通1-22-26
🚃JR三ノ宮駅から徒歩7分　🅿なし

神戸で泊まるなら、スヌーピーのファン垂涎のホテルへ。館内はエントランスからエレベーターまで遊び心あふれるデザインにテンションは上がりっぱなし。宿泊フロアの4階は「イマジン」、5階は「ハッピー」、6階

「ラブ」と、フロアごとにテーマを設定。全18の客室はデザインからインテリア、アメニティに至るまですべて異なるので、何度でもリピートしたくなる！ 1階のカフェと3階のレストランは宿泊しなくても利用できる。

"HAPPINESS IS A WARM PUPPY.."

Room 64

Room 44

Room 63

Room 57

My SWEET BABOO

Room 62

Room 51

1. "明日がすばらしい日だといけないから、うんと休息するのさ…"スヌーピーの犬小屋を思わせるデザイン。壁にはスヌーピーがいっぱい　2. テラス付きのスペシャルルーム　3.8. スパイクが旅の途中に寄るコテージをイメージ　4. サーファーでもあるジョー・クールの隠れ家　5. "しあわせはあったかい子犬…"ルーシーの愛にあふれたピンク色に染まった客室　6. 気分はパイロット　7. 野球大好きチャーリー・ブラウン　9. "わたしのかわいいバブーちゃん"という意味のネオンサイン　10. アンティークのフィギュアや書籍をディスプレイ

PLUSH TOY

コースター¥550
メッセージカードとしても使っても◎

COASTER

CUSHION COVER

PEANUTS HOTEL
"Happiness is a warm puppy.."
<ROOM64>-Large-
¥7,040

「PEANUTS Cafe 神戸」
東京・中目黒で人気のカフェ。ショップではオリジナルグッズも販売する。
⏰10:00～21:00

PEANUTS HOTEL
クッションカバー　¥4,290

メニューはテイクアウトもOK

1F Cafe

ホットドッグ¥590
ランチやおやつに！

人気のレモネード
各¥590

『PLANETS』では、日本最大級の
球体水槽「AQUA TERRA」を中心
にレーザーパフォーマンスを上映。

2021年10月、神戸の新港突堤エリアにオープンした、神戸ポートミュージアム内にある新感覚水族館。テーマの異なる8つのゾーンがあり、視覚だけではなく聴覚や嗅覚などを刺激する演出で、ほかにはない没入感が話題。神戸グルメが楽しめるフードホールなどもあり、神戸っ子にも大人気！まるで現代アートのような幻想的な世界を体感しよう。

生きものや神戸の絶景を眺められるカフェもあり!

AQUARIUM×ART átoa
アクアリウムバイアートアトア

生きものが暮らすアクアリウムと空間演出が融合した新感覚の都市型水族館。約5600㎡に約60の水槽があり、100種3000点を展示する。どこを切り取っても絵になるアートな空間が美しい。

ベイエリア **MAP** 付録 P.11D-3

☎078-771-9393 無休 ⏰10:00〜20:00 ¥2400円、小学生1400円、幼児（3歳以上）800円 📍中央区新港町7-2 🚉JR三ノ宮駅から徒歩18分、またはポートループ・新港町バス停からすぐ 🅿なし

LOCAL's ADVICE

幻想的な世界に夢中

| アート | × | アクアリウム | の |

ライター
Kanae Nakao

癒やしの空間

ベイエリアの新ランドマーク、
神戸ポートミュージアム。中でも話題を集める、
アクアリウムとアートが融合した
美しい世界へ誘われて。

1. 入り口すぐの『CAVE』、奥に向かって光が流れる虹色の魚群に導かれるようアートの空間へ 2. 海をイメージした香りやBGMなど五感で楽しめる水槽『MARINE NOTE』 3. 圧巻のプロジェクションマッピングと金魚など日本由来の生きものが共演する『MIYABI』 4. 淡水魚や両生類などが暮らし、ゾウガメが自由にフロアを歩き回る『ELEMENTS』、ハダカデバネズミやワラビーなどユニークな生きものと出会える 5. 『FOYER』のフォトジェニックなオーバーハング水槽ではカピバラが泳ぐ瞬間に出会えるかも

ハダカデバネズミの スイートポテト
¥1750
シワー本にまでこだわったフォルムが見事。味わいもクリーミー

リアルぬいぐるみ
フンボルトペンギン
¥3300
飼育員が監修し、水かきや総排泄肛までついたりアルさが話題

キュートすぎる！
グルメ＆おみやげ

手のりカワウソまん
各¥660
ユニークな顔がラブリー。中身はチョコクリーム

カワウソ抱きかかえポテト
コンソメ ¥660、とろ〜りチーズ ¥710
カワウソがお気に入りを抱きかかえる習性をモチーフに

átoa×kobe INK物語
MARINE NOTE ¥2550、
ELEMENTS/SKYSHORE ¥2420
átoaの展示空間をイメージしたカラーインク。パッケージも素敵

カワウソエクレア
¥660
チョコレートのスポンジで愛らしいフォルムを表現

átoa 神戸紅茶
ブルーブレンド、フラワーブレンド 各¥800
90年以上の歴史を持つ「神戸紅茶」とコラボ

ビジュアルも味もパーフェクト

フォトジェニック × スイーツ に 夢中♥

Special 5

LOCAL's ADVICE

スイーツ大好き
モデル
Kanako Fujii

イマドキ女子は目でも楽しめる
かわいいスイーツご所望中♥
さぁ、愛でて、撮って、
めしあがれ。

写真を撮りたくなるかわいいスイーツを求めて西へ東へ女の子はいつだって忙しい。ショップ側も食材や手法にこだわり、おいしいのは当たり前！プラス、写真映えするビジュアルにも気を配っている。ドリンクを正面から撮影したり、アイスクリームを手に持って撮ったり、と私だけのかわいいアングルを見つけるのも楽しい時間。写真を撮ることに夢中になりすぎて食べころを逃すともったいないので、ほどほどにね。

TAKE A PICTURE

DOUGHNUTS

メープル
ベーコン
¥390

フルーティー
シリアル
¥420

TAKE A PICTURE

ミミラテ
シュージェラート
各¥1,100

THE CITY DONUTS AND COFFEE

ザシティドーナツアンドコーヒー

北野のハンター坂にあるアメリカンドーナツショップ。ド派手トッピング＆個性的なドーナツがショーケースに並ぶ様子が圧巻！ふわふわ食感が特徴で、おやつやモーニングにぴったり。

北野　▶MAP 付録 P.6 B-3

☎078-862-5454 　無休 　9:00～18:00
中央区山本通2-3-12 　JR三ノ宮駅から徒歩10分
 なし

HANAZONO CAFE

ハナゾノカフェ

見た目の美しいメニューを目当てに、ランチからディナーまで店内は常に大にぎわい。旬のフルーツをふんだんに使ったパフェやスムージー、ケーキが女子心をつかんで離さない。

トアロード　▶MAP 付録 P.8 B-2

☎078-331-3905 　不定休 　11:30～20:00
中央区北長狭通3-12-3 リーストラクチャートアウエストビル2階 　JR元町駅から徒歩5分
 なし

sweets

TAKE A PICTURE

ティージェラート
（ダブル）　各¥594

GELATO

Hello

TAKE A PICTURE

シングル　¥590
ダブル 2種　¥890

DELICIOUS!

ハワイアンスコーン
各¥324〜

& EARL GREY 神戸本店

アンドアールグレイこうべほんてん ★

天然のベルガモットにこだわったアールグレイ
専門店。紅茶風味のオリジナルスイーツや
ティーなどが楽しめる。なかでも、水の代わり
にお茶を使ったティージェラートが特に人気。

三宮　▶MAP 付録 P.9 C-3

☎078-891-3361　休火曜　🕐11:00〜18:00
📍中央区磯上通8-1-10　🚃JR三ノ宮駅から徒歩8分
Ｐなし

Harlow ICE CREAM

ハーロウアイスクリーム ★ ★

アメリカ・ポートランドの空気感を取り入れたア
イスクリームショップ。自家製のアイスは、しっ
かりめの食感と濃厚な味わいが贅沢。季節の
フレーバーほか、随時8種類ほどが並ぶ。

旧居留地　▶MAP 付録 P.4 B-3

☎078-585-5388　休火・金曜　🕐12:00〜18:00
📍中央区新港町17-3　🚃JR三ノ宮駅から徒歩16分
Ｐなし

photogenic

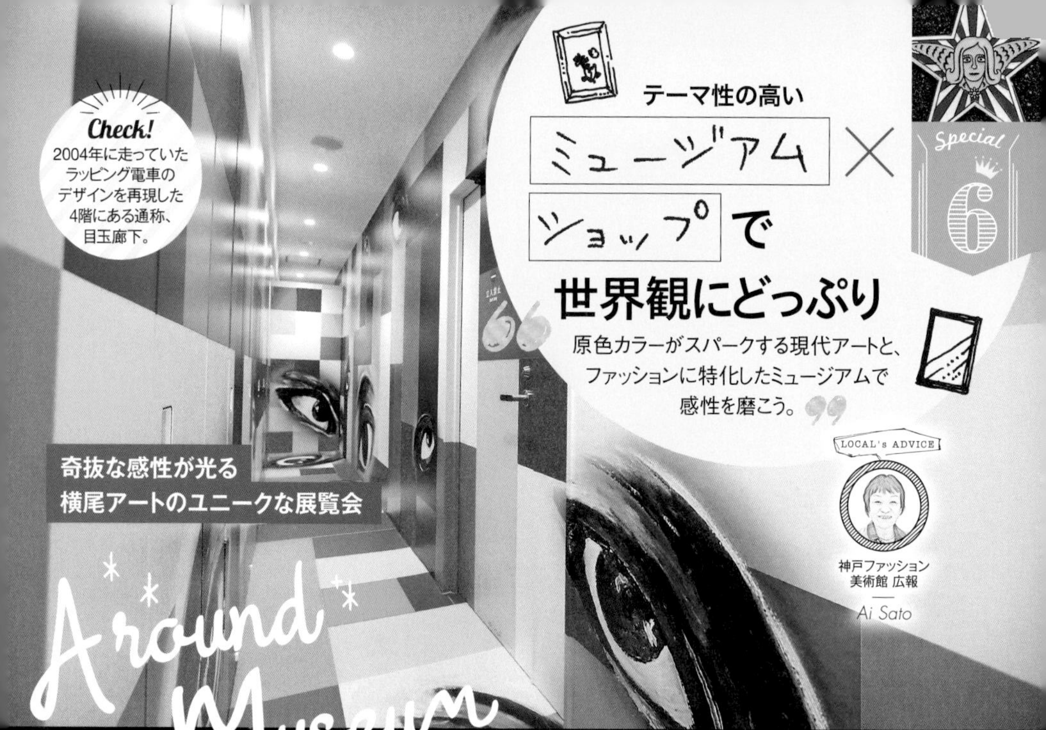

Check!
2004年に走っていた
ラッピング電車の
デザインを再現した
4階にある通称、
目玉廊下。

テーマ性の高い

ミュージアム × ショップ で

Special
6

世界観にどっぷり

原色カラーがスパークする現代アートと、
ファッションに特化したミュージアムで
感性を磨こう。

LOCAL's ADVICE

神戸ファッション
美術館 広報

Ai Sato

奇抜な感性が光る
横尾アートのユニークな展覧会

Around the Museum

ファッションをテーマに
歴史やカルチャーを発信

神戸市内にはさまざまな美術館が点在。なかでもオシャレに敏感な女子にオススメしたいのがこの2館。60年代にはグラフィックデザイナーに、そして人気絶頂の80年代に画家へと転身した横尾忠則氏の独特な世界観を表現する「横尾忠則現代美術館」。そしてファッションを通して時代と文化を伝える「神戸ファッション美術館」。それぞれ定期的に展示テーマは変わるので五感を研ぎ澄ませて鑑賞したい。

Check!
18世紀ごろから
現代までの西洋
服飾史を概観できる
コレクション展示。
（非常設展）

28

横尾忠則現代美術館

よこおただのりげんだいびじゅつかん

唯一無二の作風で国際的にも評価が高い横尾忠則氏の
ミュージアム。年3回テーマを変えて開催される展覧会では、
ユーモラスな演出とともにさまざまな切り口で作品を展示す
る。また、グラフィックデザイナーでもある横尾氏自身がデ
ザインする各展覧会のポスターも見逃せない。

王子公園　▶MAP 付録 P.5 C-2

☎078-855-5607　休月曜(祝日の場合は平日休)
🕐10:00〜17:30　¥700円　灘区原田通3-8-30
🚶阪急王子公園駅から徒歩6分　P31台

Museum Shop

アートピンバッジ
各¥913

中身は開けてからの
お楽しみ♥

魔除猫
ストラップ
¥1,408

B7アート
ノート
各¥363

アート
マスコット
チャーム
各¥1,408

髑髏
お茶椀
¥2,750

1. さまざまな切り口で横尾氏のアートを展示する　2. 外観も
展示テーマに合わせたデコレーションが施され遊び心たっぷり
3. 万華鏡のような異空間「キュミラズム・トゥ・アオタニ」
4. 圧倒的な存在感を放つ作品　5. 1階のミュージアムショップ
。バリエーション豊富なポストカードは必見

神戸ファッション美術館

こうべファッションびじゅつかん

ファッションをテーマにした公立では日本初のミュージアム。
衣装だけでも約9000点もの所蔵コレクションがあり、特別
展のテーマに合わせて展示替えされる。とくに18世紀のロ
ココスタイルから現代の世界的デザイナーによる西洋服飾
史の展示は、すべて時代を超えた実物というから驚き。

六甲アイランド　▶MAP 付録 P.2 B-3

☎078-858-0050　休月曜(祝日の場合は翌平日休)　🕐10:00〜17:30
¥料金は展示内容により異なる　東灘区向洋町中2-9-1
🚶六甲ライナーアイランドセンター駅からすぐ　Pなし

1. 1804年のナポレオンの戴冠式で妻であるジョゼフィーヌが
着た儀礼式服を忠実に再現　2. ファッション関連をメインに
蔵書する3階ライブラリーは無料で入館可　3. 近未来的な外観
デザインも素敵　4. 90万本のまち針で表現した武田秀雄氏の
「ジョルジュ・スーラに捧ぐ」

Museum Shop

手ぬぐい
各¥700

マウスメモパッド
各¥300

シール
各¥200

ナポレオン
ファイル
¥300

一筆箋
各¥400

※2館ともに展示内容は取材時のもの。展覧内容はテーマにより異なる。

MUST EAT!
DELICIOUS
SWEETS&BREADS

開港以来、西洋菓子が持ち込まれ、
たくさんのケーキやスイーツ店が
生まれた神戸。独自のセンスが光る
神戸スイーツ＆パンに夢中♥

ピスターシュ フレーズ ¥732
甘酸っぱいいちごとコクのあるピスタチオが奏でるハーモニー。見た目も華やか

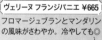

ヴェリーヌ フランジパニエ ¥665
フロマージュブランとマンダリンの風味がさわやか。冷やしても◎

アプソリュ ¥732
層になったショコラとキャラメル、クレームブリュレ、ヘーゼルナッツが口内で溶け合う

フランスの
エスプリにふれる
エレガントなケーキ

見ても食べてもHAPPY
美しすぎるケーキは

KOBE sweets #1

あの名店で食べたい
人気パティスリーの
あこがれケーキ

多くのスイーツファンを魅了する神戸スイーツ。そのなかでも注目の実力派パティシエの店をピックアップ。シェフの世界観をとことん堪能しよう。

パティスリー グレゴリー・コレ

`eat in` `to go`

素材の持ち味を生かすフランス菓子の伝統を承継する、神戸を代表するパティスリーのひとつ。シックな雰囲気に包まれた1階にはショップと工房、2階にはカフェがあり、できたてスイーツがいただける。

北野 ▶**MAP** 付録 P.6 B-3

☎078-200-4351 休水曜 ⏰10:30～18:30（カフェは12:00～18:00）📍中央区山本通2-3-5 🚃JR三ノ宮駅から徒歩10分 🅿なし

1. 2018年に元町から北野のハンター坂へ移転リニューアル　2. 宝石のように並ぶ美しいケーキたち

【スリー ¥600】
白ワインのムースに2種のビスキュイ、いちごのムラングを合わせた口内で温度差を楽しめるムース

洗練された技で伝えるフランス菓子の伝統と魅力

patisserie mont plus
パティスリーモンブリュ

eat in / to go

フランス伝統菓子をベースに、異素材の組み合わせや、甘みに強弱をつけるなど、繊細な技術で個性を発揮。ショーケースには約30種のケーキが並ぶ。

| 海岸通 | ▶ MAP 付録 P.13 C-3 |

☎078-321-1048　🚫火・水曜
🕐10:00～18:00（イートインは～16:00）
📍中央区海岸通3-1-17
🚶JR元町駅から徒歩5分　🅿なし

1. ピエモン¥650／ピスタチオのプール・オ・ムースにフランボワーズのジュレがアクセント　2. 行列ができることが多く、平日の昼ごろまでが狙い目

ひと口ごとに移り変わる味や食感を五感で体感

Must Buy!!

【モード ¥840】
3種のチョコレートを使用し、香ばしいヘーゼルナッツやアプリコットのアクセントを加えた代表作

L'AVENUE
ラヴニュー

to go

段階のある味の変化や食感を大切にしたショコラティエ平井茂雄氏のパティスリー。チョコレートを使った生ケーキや焼き菓子など、どれも人気が高く全国から多くの人が訪れる。

| 北野 | ▶ MAP 付録 P.6 A-3 |

☎078-252-0766　🚫水曜、火曜不定休
🕐10:30～17:30　📍中央区山本通3-7-3
ユートピア・トーア1階
🚶JR元町駅から徒歩15分　🅿なし

1. トリオ¥2,600／アマンドショコラとイチゴトリュフ、オランジェットの3種のアソートボックス　2. 午後には売り切れ商品続出ので、午前中に訪ねて

【サンベリーナ ¥580】
ホワイトチョコとフランボワーズのクリーム、ライチのジュレを包んだ華麗な逸品

技術とひらめきが光る洗練されたルックス&味わい

パティスリーAKITO
パティスリーアキト

eat in / to go

ホテルのシェフパティシエとして、ミルクジャムを生み出した田中哲人オーナーシェフ。厳選した食材を使ったフランス生菓子をはじめジャム、焼き菓子がラインナップする。

| 元町 | ▶ MAP 付録 P.12 B-1 |

☎078-332-3620　🚫火曜（祝日の場合は翌日休）　🕐10:30～18:30（イートインは～18:00）　📍中央区元町通3-17-6 白山ビル1階　🚶JR元町駅から徒歩3分　🅿なし

1. 店内奥にはカジュアルなカフェスペースも
2. ミルクジャムやフルーツジャムなど多彩なジャムは試食しながら自分好みをチョイス

Kobe SWEETS
Patisserie

kobe standard

神戸が誇る
定番パティスリーの看板ケーキ

ショーケースを目の前に
どれにしようか迷うのも
パティスリーでの楽しみのひとつ。
各店の看板ケーキを
のぞき見してみよう。

ざくろ ¥330 Ⓑ
卵の風味が豊かなスポンジに生クリームといちごをON。1日平均1000個売れる代表作

tea& chocolate

アールグレイショコラ ¥510 Ⓐ
紅茶のムースをチョコレートでコーティング

COMPARTIR VALOR

エサンス ¥490 Ⓐ
バニラとコーヒー、ノワゼットを組み合わせたケーキ

タルトフレーズ ¥810 Ⓓ
真っ赤なイチゴを敷きつめた旬のタルト。季節により内容は異なる

Fuwa Fuwa

こだわりロール(小) ¥340 Ⓒ
きめ細かいしっとりとしたスポンジが命の究極のふわふわロールケーキ

1935
ORIGINAL CAKE SELECTION
Brochen
KOBE

Ⓐ COMPARTIR VALOR
コンパルティールヴァロール

eat in / to go

『元町ケーキ』の姉妹ブランドとして話題の店。ショーケースに並ぶのは旬の素材を生かした繊細なケーキ。最新スチームパンクで淹れるコーヒーとともに味わいたい。

元町 ▶MAP 付録 P.12 A-3

☎078-599-7521　休水・木曜
🕐12:00～18:00
📍中央区栄町通4-4-8 白山ビル1階
🚃地下鉄みなと元町駅からすぐ　Ｐなし

セルフスタイルのカフェスペースもありゆったり過ごせる

スタイリッシュさが光る元町ケーキの新ブランド

関西でも数少ない最新鋭のハイテクコーヒーマシーンのスチームパンク

コンシスタンス¥510／パートシュクレにコーヒーとキャラメルガナッシュの風味が魅力

Ⓑ mama's selection MOTOMACHI CAKE
ママズセレクションモトマチケーキ

eat in / to go

素材本来のおいしさを生かしたやさしい味で昭和21(1946)年の創業以来、地元で高い人気を誇るケーキ店。親しみやすくボリュームのあるケーキは世代を超えて愛されている。

元町 ▶MAP 付録 P.10 B-1

☎078-341-6983　休水・木曜
🕐10:00～18:00　📍中央区元町通5-5-1
🚃阪神西元町駅から徒歩3分　Ｐなし

神戸っ子が通う親しみやすい店

地元で愛される懐かしく素朴な味わい

灯台クッキー¥1,080／港町らしいパッケージはおみやげにぴったり。ころんと丸いクッキーが12粒入り

Ⓒ 神戸洋藝菓子 ボックサン 三宮店
こうべようげいがしボックサンさんのみやてん

eat in / to go

先代から受け継いだ菓子作りをベースに、神戸マイスターである福原シェフが生み出す洗練された味。十数種を考案するなど、スポンジ生地には強くこだわる。

三宮 ▶MAP 付録 P.8 B-3

☎078-391-3955　休無休　🕐11:00～19:00(カフェは12:00～18:30)　📍中央区三宮町2-6-3　🚃JR三ノ宮駅から徒歩10分　Ｐなし

2、3階はカフェでイートインもできる

スポンジ生地にこだわり日本人に合う洋菓子を追求

ザッハトルテ¥500／ベルギー産のチョコレートを使用。生地に甘酸っぱいアプリコットジャムをサンド

Ⓓ PATISSERIE TOOTH TOOTH 本店
パティスリートゥーストゥースほんてん

eat in / to go

神戸発の人気パティスリーの本店。季節のフルーツや素材の豊かさをストレートに生かしたケーキは、気取らずに楽しめる逸品。

旧居留地 ▶MAP 付録 P.8 B-3

☎078-334-1350　休不定休　🕐10:00～20:00(2階サロンは11:00～18:00、土・日曜は10:30～19:00)　📍中央区三宮町1-4-11 ラティス三宮1・2階
🚃JR三ノ宮駅から徒歩5分　Ｐなし

チャーミングな女の子の部屋のような店内

季節感いっぱいのケーキが好評大人気のパティスリー

ショコラ・ショコラ¥648／2種のダークチョコレートに、クランチとオレンジピールがアクセント

シャベロン¥681／いちごミルク仕上げのベイクドチーズケーキ

足を運んだ人だけのシアワセ♥

イートインだけの スペシャルなスイーツ

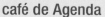

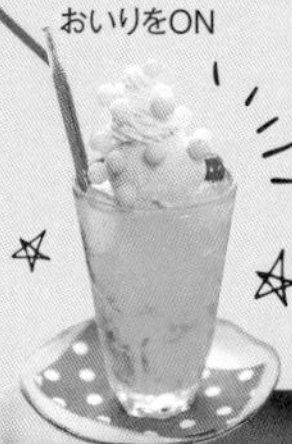

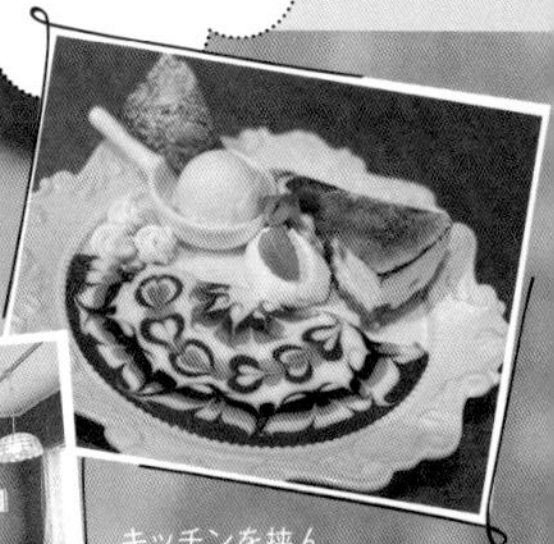

美しい皿盛りで目を楽しませ、
できたての味で口福に誘ってくれるスイーツ。
店自慢のプレミアムなひと皿で
ちょっぴり贅沢な気分に。

café de Agenda
カフェデアゲンダ

ソファや壁紙、インテリアなど、レトロポップで統一した店内は、どこに座ってもフォトジェニック。さらにケーキやスイーツ、ドリンクの華やかなデコレーションの衝撃&インパクトは大!で、運ばれるたびに喜びの声があがる。

栄町 ▶ MAP 付録 P.12 B-3

078-325-1025 休 不定休 12:00～18:00
中央区栄町通3-2-8 松尾ビル2階
JR元町駅から徒歩5分 P なし

#レトロポップ

クリームソーダ ¥800／昔なつかしいクリームソーダにカラフルなおいりをON

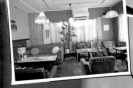

ブリュレチーズケーキ ¥850／炙られた表面の、パリッとした食感と香ばしさがたまらない!

キッチンを挟んでテイストの異なる2タイプの部屋がある

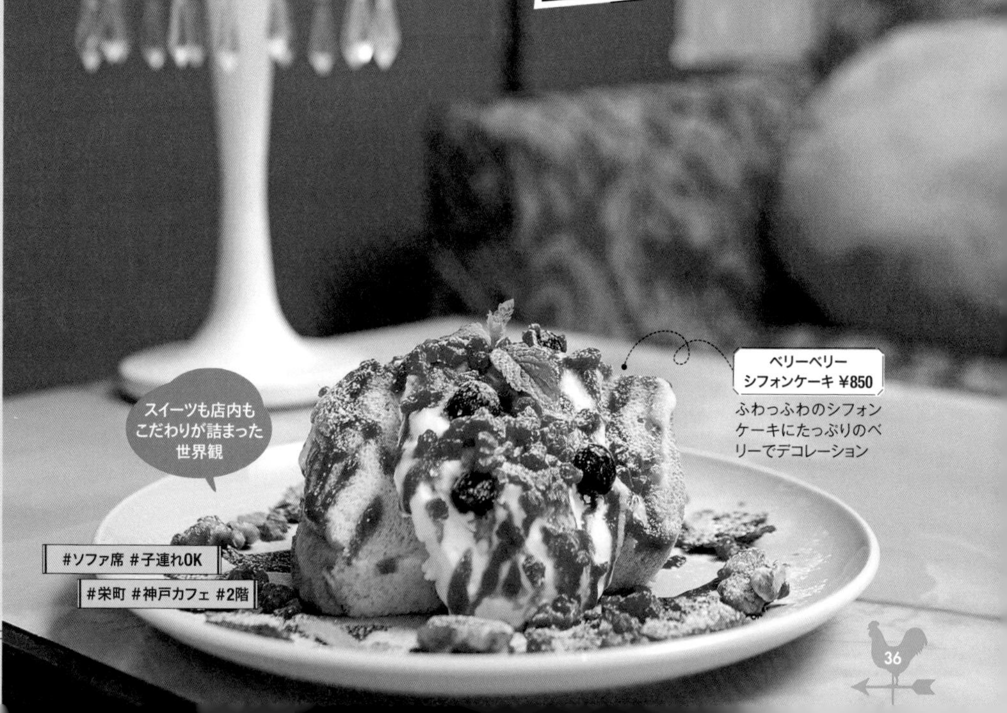

スイーツも店内もこだわりが詰まった世界観

ベリーベリーシフォンケーキ ¥850

ふわっふわのシフォンケーキにたっぷりのベリーでデコレーション

#ソファ席 #子連れOK

#栄町 #神戸カフェ #2階

Kobe SWEETS

Dessert plate

niji cafe
ニジカフェ

雑居ビルの2階、グリーンを多く配した癒やしの空間

旬の果物を使った月替わりのチーズケーキが人気。豆乳やきび砂糖を使ったスイーツは、かわいいだけでなく、体にも優しい。

元町 ▶MAP 付録 P.8 A-1
☎078-392-5680　㊡水曜、月4回不定休　🕐12:00〜17:00
📍中央区下山手通4-1-19 西阪ビル2階
🚃JR元町駅から徒歩4分　Ｐなし

隠れ家カフェで絶品のチーズケーキを

#チーズケーキ #癒しカフェ

アールグレイと桃のチーズクリームケーキ
¥1,400

紅茶のベイクドチーズケーキとクリームで桃をサンド。ドリンク付き

CAKE STAND
ケイクスタンド

北野坂の一軒家カフェ。アーチが美しい窓際が人気席

季節のフルーツを使ったタルトやチーズケーキなど、定番スイーツの完成度が秀逸。豊富なパンや焼菓子はおみやげに最適。

北野 ▶MAP 付録 P.6 B-3
☎078-862-3139　㊡木曜　🕐10:30〜17:00
📍中央区山本通2-14-28
🚃JR三宮駅から徒歩8分　Ｐなし

#季節のフルーツ

ショーケースのケーキを可憐にデコレーション

キャロットケーキ
¥473

クリームチーズとドライフルーツをトッピング。紅茶は¥660

ロンシュクレアフォガード
¥780

焼きたてのロンシュクレとバニラジェラート、エスプレッソが三位一体

#焼きたてが楽しめる

#断面萌え #行列店

ナポレオン・パイ
¥1,980 ※季節により価格は変動

キャラメリゼしたパイ生地で、生クリームとカスタード、フルーツをサンド

イチゴの断面が美しいナポレオン・パイ

かわいいルックスの新感覚スイーツ

Rond sucré cafe
ロンシュクレカフェ

まるでパリの街角にあるようなカフェ。看板スイーツ、ロンシュクレは、外はサクっと中はしっとりの丸いスポンジケーキ。

元町 ▶MAP 付録 P.13 C-3
☎なし　㊡火曜　🕐8:00〜18:00
📍中央区海岸通2-4-15　🚃JR元町駅から徒歩5分　Ｐなし

アンティーク家具を備えた空間も素敵

room401
ルームヨンマルイチ

行列の絶えない「カフェ マムーニア」の4階にあるカフェinカフェ。看板メニューはイチゴミルフィーユのナポレオン・パイ。

元町 ▶MAP 付録 P.8 B-2
☎なし　㊡不定休　🕐12:00〜17:00
📍中央区北長狭通3-2-16 ハットトリックビル4階　🚃JR三ノ宮駅から徒歩5分　Ｐなし

パリにあるアパルトマンの一室をイメージ

全国で人気の名店

有名ブランドの
サロンへ

神戸発祥の洋菓子ブランドが
手掛けるサロンで、
限定スイーツを味わったり、
各ブランドの世界観を
感じたりしてみよう。

神戸で愛されてきた
洋菓子の世界観を楽しむ

コーポレートカラーの
グリーンを基調にしたモダンな空間

**カスタードプリン
パフェ ¥1,375**
カスタードプリンや
季節のフルーツたっ
ぷりの豪華なパフェ

**アーモンドワッフルプレート
¥1,375（ドリンク付）**
アーモンドワッフルや名物のプリ
ンをワンプレートでぜいたくに

モロゾフ神戸本店
モロゾフこうべほんてん

洋菓子の老舗、モロゾフの本店。店に一歩
入ると目に飛び込むのは、チョコレートが流れ
る滝。テイクアウトコーナーの奥にはカフェが
あり、定番メニューをはじめ、ここでしか味
わえない限定メニューもスタンバイする。

焼き菓子やスイーツ
などが並ぶテイクア
ウトコーナー

**神戸本店
チョコレートパフェ
¥1,210**
チョコレートムースと、店
頭で仕立てたバニラや
チョコのアイスが楽しめる

三宮 ▶MAP付録 P.9C-2
☎078-391-8718 休無休
⏰11:00～19:30 ♥中央区三
宮町1-8-1 🚉JR三ノ宮駅から
徒歩5分 Ｐなし

神戸凬月堂 元町本店
こうべふうげつどうもとまちほんてん

明治30（1897）年創業、歴史ある神戸スイー
ツ店の代表格で、銘菓ゴーフルは神戸を代
表するみやげとして全国的に有名。本店の
喫茶では人気のホットケーキや季節限定のパ
フェ、あんみつなどの和スイーツも楽しめる。

華やかながら落ち着
いた雰囲気で、居
心地がよい店内

銅板でじっくり焼き上げた
ふわふわホットケーキ

**あまおうパフェ
¥1,980**
あまおうの甘みと香
りが存分に味わえる、
ぜいたくなパフェ

**手焼きホットケーキ
¥1,155（ドリンク付）**
ホイップクリームとカナ
ダ産のメイプルシロッ
プでいただく

元町 ▶MAP付録 P.13C-2
☎078-321-5598 休無休（喫茶は月曜）⏰10:00
～18:00（喫茶は11:00～17:30）♥中央区元町通3-3-
10 🚉JR元町駅から徒歩5分 Ｐなし

バウムクーヘンの魅力を本店サロンで満喫

マイスターの手焼きバウムクーヘン ¥1,300(ドリンク付)
カットしたてのおいしさを味わう。生クリームとの相性も抜群

手焼きされた様々なバウムクーヘンをおみやげに

本店特製ショートケーキ ¥1,600(ドリンク付)
6段重ねのビジュアルが目をひく、本店のみの限定メニュー

ユーハイム 神戸元町本店
ユーハイムこうべもとまちほんてん

創業百余年の歴史を誇り、バウムクーヘンを日本に広げた名店。ユーハイムチェックを床に敷いたおしゃれな空間では、巨大バウムクーヘンの切り立てを提供。バウムクーヘンのプレートやケーキセットなど、本店ならではのメニューも。

元町 ▶MAP 付録 P.13D-2

☎078-333-6868 休水曜
🕐11:00〜19:00(2階 ティー サロンは〜17:30) 📍中央区元町通1-4-13 JR元町駅から徒歩3分 Pなし

ドイツのクラシカルなサロンのような、2階のカフェ

ホテルラウンジの空間で優雅に洋菓子やパンを

ヨーロピアンな建物の1・2階にカフェがある

くまポチプレート ¥1,925
ケーキやアイスなど、4種類のスイーツとドリンクのセット

マスコットベアのくまポチくんのインテリアも可愛い

ケーニヒスクローネ くまポチ邸
ケーニヒスクローネくまポチてい

昭和52(1977)年創業、神戸市御影に本店があるドイツ洋菓子店。直営ホテル内にあるカフェは、シャンデリアやソファの並ぶエレガントな空間。行列必至のパン食べ放題ランチ(¥2,310)やケーキセット、パフェなどが人気。

元町 ▶MAP 付録 P.8B-3

☎078-331-7490 休不定休
🕐11:00〜19:00 📍中央区三宮町2-3-10ホテルケーニヒスクローネ神戸1・2階 JR元町駅から徒歩5分 Pなし

UNICORN 01

eat in | to go

ユニコーン

神戸初の
紅茶も見逃せない
香り高い
エスプレッソの専門店

三宮本通り商店街内にある、高い圧
力をかけて抽出したコーヒー＆紅茶
のエスプレッソが味わえるカフェ。
ティープレッソは全国的に珍しいの
で紅茶好きも多く訪れる。バニラア
イスに熱々のエスプレッソをかけるア
フォガードや爽やかなティーソーダな
ども人気メニュー。

三宮 ▶ MAP 付録 P.8 B-2

☎078-381-9088 休不定休
🕐9:00～20:00(土・日曜、祝日は10:00～)
♥中央区三宮町2-8-6 🚃JR三ノ宮駅から
徒歩5分 🅿なし

@Sannomiya

1. ラテアートも楽しみのひとつ　2. アフォ
ガード¥700／バニラアイスにエスプレッソを
かけて食べる。コーヒー・紅茶どちらでも可

KOBE sweets #5

おいしい一杯を求めて

スペシャルティ COFFEE

豆の特徴を生かしながら焙煎し、
ていねいに淹れるコーヒー。
専門店でひと休みしましょ。

1. 店内にテーブル12
席、テラス席が8席あ
る　2. オリジナルのタ
ンブラー各¥1,500
3. ティーソーダ¥600

original

カフェラテS ¥600

グリーンズコーヒー
ロースターの豆を使
用。オリジナルマグで

チーズケーキ¥550

手作りの大人気ケー
キ。ドリンクとセットな
ら50円引きに

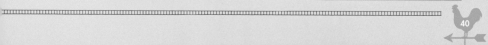

@Sakaemachi

まろやかさが
際立つ一杯が
心を満たす

イタリアのヴィンテージエスプ
レッソマシンを使用

シングルオリジンの自家
焙煎豆(150g)￥880〜

電源も完備の快適空間

カフェラテ￥430／エスプレッソ
の香りが広がる

ラウンドポイントカフェ 03

eat in / to go

それぞれのコーヒー豆に合わせた焙煎度合い
で、個性豊かな香りとバランスの取れた味わ
いが評判。コーヒー豆に加え、抽出方法も3
種から選べるのでより好みの味わいに。平日
の10時まではモーニングプライスで提供、お
いしいコーヒーとともに素敵な1日を始めて。

栄町　MAP 付録 P.12 A-3

☎078-599-9474　休 月曜　⏰7:00〜21:00
(土・日曜、祝日は10:00〜)　📍中央区栄町通4-2-7
🚶JR元町駅から徒歩7分　🅿なし

@Sakaemachi

自分の好みで
選んだ銘柄を
目の前で挽いて
ハンドドリップ

豆の個性を引き出し店主がていねいに淹れる©Takumi Ota

2　1

check!

1.試飲を兼ねて、コーヒー
を提供　2.シングルオリ
ジンとオリジナルブレンド
が並ぶ　3.HOTコーヒー
￥500、ICEコーヒー￥550
／どの豆でも均一価格

3

VOICE of COFFEE 02

ヴォイスオブコーヒー

to go

大人の雰囲気が漂うスタイリッシュな珈琲豆
の販売店。店頭には深煎り・中深煎り・中浅煎
りのオリジナルブレンドと、シングルオリジ
ンの10種以上のコーヒー豆が並ぶ。その豆
を直火式焙煎機でていねいに焙煎、ハンドド
リップしクリアな口当たりに仕上げている。

栄町　MAP 付録 P.13 C-3

☎078-954-6226　休 水曜　⏰11:00〜19:00
📍中央区栄町通3-1-17萩原ビル1階
🚶JR元町駅から徒歩7分　🅿なし

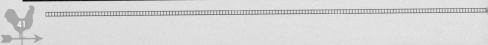

エレガントな雰囲気の2階、「サンドウィッチルーム」

サンドイッチ&パニーニ

パンランチを
いただきます

パンの街、神戸でおすすめの
パンランチ。70年以上愛される
サンドイッチに、本格的な
パニーニにデニッシュまで、
バリエも豊富!

70年以上、
神戸っ子に
愛される店

1階はハムやウインナーが
並ぶデリカテッセン

menu
ミックス以外はハー
フサンドにすること
も可能。スープとド
リンクのセットは+
¥880、ドリンクの
セットは+¥550

TOR ROAD DELICATESSEN

著名人のファンも
多いトアロードを
代表する名店

ローストビーフと
スモークサーモン、
ハム、ソーセージの
ミックスサンド
¥1,430

サーロインの
ローストビーフを
サンドした、人気の
ローストビーフサンド
¥1,650

トアロードデリカテッセン

eat in / to go

昭和24(1949)年創業。1階が洋風惣菜店、2階が
「サンドウィッチルーム」になっている。サンドイッ
チは、パンにバターを塗って具材をサンドするシン
プルスタイルで、素材の旨みが生きる。好きなハム
やソーセージを選んでサンドすることもできる。

三宮　▶MAP付録 P.8 B-2

☎078-331-6535　休水曜　⏰11:00～15:00(販売は10:00
～18:30)　📍中央区北長狭通2-6-5　🚃JR三ノ宮駅から徒歩
10分　🅿なし

グラッドチーズと
レッドチェダーの2種の
チーズを使った
チーズサンド
¥990

入店したらまずメニューが
書かれた黒板をチェック

具材も豊富!
イタリア的
ホットなサンドイッチ

店頭には心が
弾むビンテージ
の食器や雑貨
がずらり

Lovely
Happy
LUNCH!

店主の
人柄が伝わる
ほっこりベーグルと
和み空間

スモークサーモンと
クリームチーズ×
もちもち食感のロゼッタの
パニーニ ¥680

日替わり
デニッシュセット
¥890

コッペハムと
クリームチーズ、
ツナ、レモン×
チャバタのパニーニ
¥700

menu

定番の生ハムやスモークサーモンから、煮込み料理まで多彩な具材を、相性のよいパンでサンド。専用のマシーンで焼く

専用のマシーンで挟んで焼きあげる

生ハムとトマト、モッツァレラの
パニーニ ¥700

定番人気のパニーニ。具材たっぷりで贅沢な味

クランベリー&
クリームチーズ ¥240

王道の組み合わせがもちもちベーグルにぴったり

デニッシュ食パン
¥480

プレーンから紅茶、チョコまでデニッシュは約6種

menu

デニッシュとアイスクリーム、ハチミツ、コーヒーor紅茶付きのセット

ポルトパニーノ

eat in / to go

イタリアでの料理留学経験がある女性オーナーによるパニーニの専門店。店内の黒板には、常時20種ほどメニューがずらり。さらにチャバタ、ロゼッタなど特注の3種のパンや好きな具材のカスタマイズもOKなので、自分好みをオーダーできる。

西元町 ▶ MAP 付録 P.10 B-1

☎078-362-2770 休月曜
🕐11:30〜19:00 ♀中央区元町通5-8-15
🚃阪神西元町駅からすぐ Pなし

ココシカ
（デニッシュ食パン・ベーグル専門店）

ココシカ（デニッシュしょくパン・ベーグルせんもんてん）

eat in / to go

ココシカランチ（11:30〜）は、大人気で売り切れる場合も多いので、早めの来店がおすすめ。チーズケーキやスコーンなどの焼き菓子やミックスジュースも人気商品。1階では、ホーロー鍋やアンバーガラスなどの昭和レトロな雑貨も販売。

栄町 ▶ MAP 付録 P.12 B-3

☎078-587-2888 休月〜木曜
🕐10:00〜18:00 ♀中央区栄町通3-2-16
🚃JR元町駅から徒歩7分 Pなし

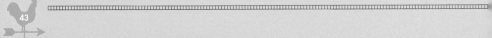

焼きたてのパンが食べたい
地元で愛される ブーランジェリー

素材の組み合わせや生地のおいしさで
定評のあるブーランジェリーをセレクト。
地元パン好きが太鼓判を押す
パンを買ってみよう。

nice!!

食材を手にして
閃いたらすぐ新作
パンを作ります

独創的なアイデア
でパンを生み出す
西脇健介シェフ

この看板が目印。正
午前後と夕方はどっ
と客が押し寄せる

所狭しと焼きたてのパンが
山のようにディスプレイさ
れるPane Ho Maretta

種類の豊富さは
感動もの!

パンを買って
朝食や移動中に
食べよっ❤

▶◀

地元で長く愛される
ベーカリー

\\recommend!//

トレロン 1本¥820、ハーフ ¥410

超ロング粗挽きソーセージと粒マスタードをフランスパン生地でロール。表面がカリッとするまで焼くとおいしさUP

ミルクフランス・ピーナッツフランス 各¥194

ライ麦を加えた風味あるフランスパンに、それぞれのクリームをサンド

イスズの塩パン ¥194

たっぷりのバターとフランスのゲランドの塩を使用。ふわじゅわ〜食感

イスズベーカリー 生田ロード店
to go

イスズベーカリー・いくたロードてん

昭和21（1946）年創業の歴史を誇る、神戸っ子御用達ベーカリー。日本でトップクラスを誇る手作りパンのバリエーションの豊富さはなんと170種類以上。夜遅くまでの営業も人気の理由。

| 三宮 | ▶ | MAP 付録 P.8 B-2 |

☎078-333-4180 休無休、不定休あり ⏰9:00〜22:00 📍中央区北長狭通2-1-14 🚃JR三ノ宮駅から徒歩6分 Ｐなし

近くに本店、阪神スクラ三宮店、元町店がある

▶◀

フランス仕込みの基礎に
アレンジをプラス

\\recommend!//

アン ブール 各¥250

ミニフランスパンにあんとバターを包んだ名物パン。粒あんとこしあん、季節ものの常時3種

キッシュ ソシソン ¥540

ピリ辛味のキッシュ。ソーセージとしめじが入っている

マロン ¥340

ラム酒で香りづけした栗のペーストと栗の渋皮煮のデニッシュパン

Boulangerie La Lune
to go

ブランジュリラリュンヌ

本場フランス仕込みのパンを再現する女性ブランジェの店。技術とセンスが光るパンはどれも粉の風味が豊かに香るのが特徴。とくに日替わりのキッシュが大人気。

| 栄町 | ▶ | MAP 付録 P.12 B-2 |

☎078-341-2018 休水〜金曜 ⏰10:00〜19:00 📍中央区栄町通4-3-12 🚃JR元町駅から徒歩8分 Ｐなし

あたたかい雰囲気が漂う店内

▶◀

斬新なアイデアが光る
種類の豊富さ

\\recommend!//

えびアボカドのドッグ ¥420

完熟アボカドとぷりぷりのエビのホットドッグ。ホースラディッシュのソースがアクセントに

ダマンドバナーヌ ¥350

クロワッサンにフレッシュなバナナとチョコをIN！おやつにぴったり

ムッシュドゥアメリケーヌ ¥360

旨み凝縮のアメリケーヌと自家製ベシャメルソースにたっぷりのエビ

Pane Ho Maretta
to go

パネホマレッタ

常に新作や焼きたてが店内に美しく盛られ、1日に登場するパンの種類はなんと100〜120。オリジナリティあふれる食材の組み合わせや、自家製天然酵母を使ったパンにファンが多い。

| 元町 | ▶ | MAP 付録 P.8 A-2 |

☎078-954-8255 休月・火曜不定休 ⏰8:00〜18:00（売り切れ次第閉店） 📍中央区下山手通5-1-1 興栄ビル1階 🚃JR元町駅から徒歩3分 Ｐなし

山盛りディスプレイの技にも注目

COLUMN
Bread & Jam

Kobe Bread & Jam

家でも神戸のパンを！

パンの街、神戸で楽しむ食パン＆ジャム
自宅での朝のはじまりを彩る、神戸メイドの食パン＆ジャム

パンの消費量が多い神戸には、パン屋さんはもちろんジャムをあつかうお店が点在。素材にこだわった特別なおいしさを味わおう！

> ずっしり重いたっぷり粒あん

> 翌朝食べても、耳までやわらかい

焼きたてのパン
トミーズ 三宮店
やきたてのパントミーズさんのみやてん

北海道産の粒あんを生クリーム入りのパン生地に混ぜ合わせた名物食パン。そのままでもトーストしてもおいしい。

三宮
▶ **MAP** 付録 P.9 C-2
☎078-333-8820　休無休
⏰8:00～18:00
📍中央区北長狭通1-31
🚉阪急神戸三宮駅西口からすぐ 🅿なし

> あん食1本¥800

ル・パン
神戸北野 本店
ルパンこうべきたのほんてん

生で食べるとみずみずしくもっちり食感、トーストすると外はさっくり、中はしっかりとした弾力食感が楽しめる。

北野
▶ **MAP** 付録 P.6 B-3
»P.97

> KING OF 食パン Le Roi
> 1本¥1,620

> フランボワーズ・ショコラ
> ¥1,404

> フルーツそのままのようなみずみずしさ

神戸北野ホテル
ホテルブティック
こうべきたのホテルホテルブティック

神戸北野ホテルの朝食で味わえるクロワッサンやコンフィチュールのほか、焼菓子セットやレモンケーキを販売。地元の人からも人気。

北野　▶ **MAP** 付録 P.6 A-3
☎078-222-1909　休無休 ⏰9:30～17:30 📍中央区山本通3-14-15
🚉JR三ノ宮駅から徒歩15分 🅿なし

> プレミアムブルーベリー
> ¥1,050

> 季節の味覚を味わえるコンフィチュール

コンフィチュール
カジュー神戸
コンフィチュールカジューこうべ

コンフィチュールの専門店。全国の生産者から届いた新鮮なフルーツを使い無添加で作りあげるので商品はすべて期間限定。

神戸　▶ **MAP** 付録 P.4 A-3
☎078-351-3003　休日曜、第1月曜 ⏰9:00～18:30（土曜、祝日は～17:00、3～9月の平日は～18:00）
📍中央区多聞通4-1-15 🚉JR神戸駅から徒歩4分 🅿なし

> ミルクジャム
> ¥950

> まるでキャラメル!?リッチなミルクテイスト

パティスリー
AKITO
パティスリーアキト

淡路島産の新鮮な牛乳を銅鍋でじっくり煮詰めた田中シェフの代表作。とろりとしたなめらかな口当たりと、濃厚なミルクの香りが特徴。

元町　▶ **MAP** 付録 P.12 B-1
»P.33

新しい発見に出会える旅
Discovery

定番観光地も角度を変えてみると
新しい発見ができることも。
知らなかった神戸の魅力を探してみませんか。

Find
something
fun!

神戸ポートタワー
こうべポートタワー
▶▶P.57

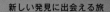

Symbol of Kitano

異人館のシンボル的存在

重厚なレンガ造りの風見鶏の館

海を見下ろす高台に、明治から大正時代に建てられた美しい異人館が建ち並ぶ北野。
さまざまな異人館があるなかでも、ひときわ目を引く風見鶏の館に潜入してみよう。

異人館のシンボル的存在！
広場前に建つ重厚なレンガ張りの館

重要文化財

風見鶏の館
かざみどりのやかた

1909年頃にドイツ人貿易商G.トーマス氏の私邸と
して建てられた館。北野に現存する異人館のなか
で唯一、レンガの外壁をもつ重厚な建物美が特徴
的。突塔上の風見鶏がシンボルになっていて、重
厚な内装や優美な家具など見どころ満載。

北野 ▶ MAP 付録 P.6 B-2

♥中央区北野町3-13-3 ♥JR三ノ宮駅から徒歩15分 ※2023
年10月より耐震改修工事のため長期休館、外観の見学は可能

お花に包まれた客室

五角形の天井×ランプが傘に見える？

3

2

4

1

アール・ヌーヴォー風の装飾

8

7

6

5

1. 当時トーマス夫人がサロンとしても使用していた応接間。壁紙もキュート　2. 当時のままの机などを配したサンルーフの書斎　3. 2階のベランダからは景色を一望できる　4. 客用寝室は壁紙もカーテンも小花柄で統一してとってもキュート　5. ドイツ製のクラシカルな置時計　6. 踊り場のステンドグラスにも注目　7. ドイツの宮廷や城に用いられた城館風作りの食堂　8. ピンクのランプもかわいい

Tips

What's 風見鶏

魔よけの意味があると伝わる、突塔でくるくると回る風見鶏。全長90㎝とかなりの大きさ。館内には原寸大があり、記念撮影もOK

当時日本で活躍していたドイツ人建築家によって設計された

風見鶏の館の前にある北野町広場からは神戸の街が一望。広場内にはジャズを演奏する4体の銅像もある。

家具やインテリアに注目!

意匠がステキな北野の異人館

神戸開港当時に、遠い異国からやってきた外国人が住んだ洋館。それが異人館。
建築美やインテリアのセンスなどステキがいっぱいの邸宅を訪ねて、当時の暮らしぶりをのぞき見よう。

こっちが
展望ギャラリー

こっちが
うろこの家

▎登録有形文化財▐
うろこ模様の館で名画やアートにうっとり

うろこのいえてんぼうギャラリー Ⓐ Ⓑ Ⓒ Ⓓ
うろこの家・展望ギャラリー Ⓔ Ⓕ Ⓖ

明治後期は外国人居留地に建てられ、大
正時代に入り現在の地へと移築された洋
館。天然石のスレートで飾った魚のうろこ
のような見事な外壁は一見の価値あり。

北野 **MAP** 付録 P.7 C-1
☎0120-888-581〔異人館うろこグループ〕
休不定休 🕐10:00～17:00
¥1100円 ♀中央区北野町2-20-4
🚃JR三ノ宮駅から徒歩20分 Ｐなし

煌びやかな
ライト

ステンドグラスも
ゴージャス

猪銅像の鼻をなでると
幸運が訪れるんだって♪

✂┈┈ **異人館セット券がお得!** ┈┈✂

複数館をめぐるならグループごとに発行するセット券がお得。例えば、オランダ館+オーストリアの家+デンマーク館なら1400円。異人館うろこグループは3館、4館、北野7館プレミアムパスを用意。詳細は ▶P.12

当時のヨーロッパのトレンドが洋館の垣間見られるよ。住んでみたいな～

異人館うろこグループのビジターセンター

Ⓐ魚のうろこのような天然石スレートの館 Ⓑ塔部分にあたる展望室は高さがあって開放的 Ⓒ当時流行のステンドグラス Ⓓドラマチックな雰囲気を放つのはティファニーのステンドグラスランプ Ⓔ曲線が美しいエントランス。ガーデンにはロンドン市内にあった電話ボックスが Ⓕ展望ギャラリーのエントランス Ⓖアンティークの家具がステキな談話室 Ⓗ明治36(1903)年にアメリカ総領事H・シャープ氏の邸宅として建てられた Ⓘ動物の剥製が並び迫力満点 Ⓙ幾何学フレームが美しいベランダ Ⓚ窓が連なるチューダー建築風の洋館 Ⓛ入口のアーチとステンドグラスがステキ Ⓜ椅子に座り願い事をするとかなうといわれる「サターンの椅子」

サターンの椅子

迫力ある貴重な動物の剥製たち

ベンの家 Ⓘ

神戸市指定文化財でもある赤レンガの塀は、建築当時、ドイツから取り寄せたもの。館内には世界中から集めた猛獣・珍獣・貴重な動物の剥製が迫力たっぷりに展示されている。

北野 ▶MAP 付録 P.7 C-2
☎0120-888-581(異人館うろこグループ)
休不定休 🕙10:00～17:00
¥550円 中央区北野町2-3-21
🚶JR三ノ宮駅から徒歩15分 Ｐなし

座ると願いがかなうパワースポット

山手八番館 ⓀⓁⓂ

チューダー建築風の外観と入口のアーチ部分のステンドグラスが印象的な洋館。ルノワールやロダンの作品から、ガンダーラ石仏などの宗教美術まで世界の巨匠の作品が鑑賞できる。

北野 ▶MAP 付録 P.7 C-1
☎0120-888-581(異人館うろこグループ)
休不定休 🕙10:00～17:00
¥550円 中央区北野町2-20-7
🚶JR三ノ宮駅から徒歩20分 Ｐなし

✂重要文化財

センスが光るやさしいグリーンの洋館

萌黄の館 ⒽⒿ

淡いグリーンが印象的な木造2階建ての洋館。アラベスク風模様が施された階段や重厚なマントルピースなど、贅沢な意匠が至るところにちりばめられている。

北野 ▶MAP 付録 P.6 B-2
☎078-855-5221 休2月の第3水曜とその翌日 ¥400円
🕙9:30～17:45 中央区北野町3-10-11
🚶JR三ノ宮駅から徒歩15分 Ｐなし

無料で異人館見学ができる「ラインの館」もおすすめ。散策マップなどもあるので、まずはここを訪れて。

Photogenic

エンタメ要素満載で盛り上がる

写真撮影が楽しい♥体験もの異人館

絵になる洋館が点在するので北野はカメラ散歩も楽しい。とくに衣装を着替えて撮影できたりトリックアートでユニークな撮影ができるなど、エンタメ性の高い4館をセレクト。

帽子とマントを着て気分はホームズ

明治42(1909)年に建築。中庭は季節の花が咲くイングリッシュガーデン

ロンドンの地下鉄の駅「ベーカーストリート」を模した撮影ポイント

無料で着られるホームズの衣装にテンションアップ

&MORE

シャーロック・ホームズのおみやげはコーベニアへ

英国館と同じ北野通りにある異人館うろこグループのショップ「コーベニア」では、シャーロック・ホームズのオリジナルグッズや、イギリス直輸入のみやげものが充実。

ホームズが焼印された涙型キーホルダー ¥1,760

世界中で高い人気を誇る名探偵シャーロック・ホームズの部屋

英国館
えいこくかん

ホームズになりきっての記念撮影

典型的なコロニアル様式の洋館。2階にはコナン・ドイルの小説の世界に忠実なシャーロック・ホームズの部屋が再現されている。ホームズになりきれるコスチュームが用意されているので、館内のいろんな場所で記念撮影を楽しめる。

北野 ▶ MAP 付録 P.7 C-2

☎0120-888-581(異人館うろこグループ)
休不定休 ⏰10:00～17:00 ¥880円
📍中央区北野町2-3-16 🚉JR三ノ宮駅から徒歩15分
Ｐなし

オランダの民族衣装。かわいいでしょ

1. オランダの民族衣装体験は1人¥2,750　2. 前庭にあるオランダ名物の木靴前は写真スポット

more enjoy! ×2

オリジナルの香水づくりに挑戦

調合師がヒヤリングシートと香りを元にその人にあったものを調合。3年間レシピは保存しているのでリピート注文も可能。9ml ¥3,960

香りの家オランダ館
かおりのいえオランダかん

オランダの民族衣装に着替えて撮影

チューリップや四季の花に囲まれた前庭と、2階建ての大正中期に建てられた寄棟造りの木造建築の館は、長い間オランダ王国総領事邸として使用されていた。ブレンダーが自分のためだけに香水を調合してくれる香水づくりや、民族衣装を着ての撮影など、体験もできる。

北野　▶**MAP** 付録 P.7 C-1

☎078-261-3330　🛏無休
🕙10:00〜17:00　¥700円
📍中央区北野町2-15-10旧ヴォルヒン邸
🚶JR三ノ宮駅から徒歩15分　🅿なし

北野外国人倶楽部
きたのがいこくじんくらぶ

好きなドレスを選んで
プリンセスに変身

海外映画やドラマを思わせる館内は、神戸開港当時の華やかな暮らしぶりが垣間見える。西洋の調理器具をディスプレイしたオールドキッチンや音楽室を公開するなど見どころ多彩。庭園にはミニ礼拝堂もあり写真撮影も楽しい。

北野　▶**MAP** 付録 P.7 C-1

☎0120-888-581（異人館うろこグループ）
🛏不定休　🕙10:00〜17:00
¥550円　📍中央区北野町2-18-2
🚶JR三ノ宮駅から徒歩20分　🅿なし

1. ドレス撮影のための貸し切りスタジオ　2. 華やかな生活の舞台裏、使用人室も必見

more enjoy! ×2

憧れの異人館でドレス撮影

約40着から好きなドレスを選び、専用のスタジオで自由に撮影ができる1日4組限定の有料サービス「お気に召すまま」（45分間/予約制）が人気

+ *Wall Art* も

南京町の春節祭みたいだね

神戸トリックアート
不思議な領事館
こうべトリックアートふしぎなりょうじかん

神戸ならではのトリックアートも

トリックアートを楽しめる体験型の異人館。注目はここにしかない神戸ビーフや南京町、神戸ポートタワーなど神戸らしいアート。見て、触って、撮って…と、神戸旅の思い出作りに最適。撮影の仕方はスタッフが教えてくれる。

北野　▶**MAP** 付録 P.7 C-2

☎0120-888-581（異人館うろこグループ）
🛏不定休　🕙10:00〜17:00
¥880円　📍中央区北野町2-10-7
🚶JR三ノ宮駅から徒歩15分　🅿なし

1. 龍や獅子が舞い踊る南京町の春節祭風のアート
2. 北野の名物サターンの椅子。願い事をかなえて
3 神戸のブランド牛、神戸牛のステーキを背負い投げ〜

香りの家オランダ館には、約150年前のイギリス製自動演奏ピアノ・ラ・ピアノがあり、今でも美しい音色を奏でる。

Gourmet Spot

まるで絵画のようなクラシカルな空間

異人館カフェ&レストランで優雅な時間

異人館カフェ&レストランも北野の楽しみ方のひとつ。
優雅な調度品に囲まれた空間でゆったり過ごす時間はなんとも贅沢♥

テラス席で麗しのティータイム

▶▶▶ RECOMMENDED ◀◀◀
MENU

フルーツワイン
1000ml ¥2,530
イチゴや赤スグリの
フルーティなワイン

ウィーナー ホイリゲ
750ml ¥4,290
オーストリアの新酒。
赤、白あり

1. 開放感あふれるガーデンテラスでティータイム　2. 1階は女王マリア・テレジアなどの肖像、2階にはモーツァルトが使用したピアノのレプリカを展示　3. インペリアル・トルテセット¥1,350 薄い5層のアーモンドケーキが繊細に重なるトルテとドリンクのセット

ウィーン・オーストリアの家
ウィーンオーストリアのいえ

オーストリアのワイン酒場、ホイリゲをイメージしたガーデンテラス。ウィーン直輸入のトルテ・ケーキを楽しみながら、オーストリア気分を堪能できる。また館内の1階は女王マリア・テレジアの肖像などが飾られ貴族ムード。2階にはモーツァルトが愛用したフォルトピアノの複製が展示され、2フロアでオーストリアの魅力を発信している。

北野　MAP 付録 P.7 C-1
☎078-261-3466　無休　10:00～17:00
¥500円　中央区北野町2-15-18　JR三ノ宮駅から徒歩15分
P なし

白亜の邸宅で味わうフランス料理

ラ メゾン ドゥ グラシアニ

明治41（1908）年にフランス人家族の居住空間として建てられた旧グラシアニ邸。その白亜の洋館で兵庫県の地元食材を使ったエレガントなフランス料理が食べられる。正統性×独創性を融合したフランス料理をじっくりと堪能したい。

北野 ▶ MAP 付録 P.6 B-3

☎078-200-6031 休月曜（祝日の場合は火曜） ⏰12:00～13:00、17:30～20:00 ♀中央区北野町4-8-1旧グラシアニ邸 🚃JR三ノ宮駅から徒歩15分 🅿3台

1. シェフが生み出す特別なソースが食材の味を引き立てる、Menu du Jour ¥6,400
2. 1階のメインダイニング

プラトン装飾美術館（イタリア館）
プラトンそうしょくびじゅつかん（イタリアかん）

メイドがアテンドしてくれ、南イタリア風のプール付きガーデンに面したテラス席でカフェや食事を優雅に楽しめると話題の異人館。館内には18～19世紀のイタリアの名品の数々が展示され、そのきらびやかさは一見の価値あり。

北野 ▶ MAP 付録 P.7 C-2

☎078-271-3346 休火曜 ⏰10:00～17:00（カフェは土・日曜、祝日の11:30～15:30） 💴800円 ♀中央区北野町1-6-15 🚃JR三ノ宮駅から徒歩15分 🅿なし

1. プールサイドのテラス席で優雅なデザートタイム
2. 大人の味わい、カフェ・アフォガード¥900

テラス席で手作りスイーツにうっとり

貴重な邸宅で華やかスイーツ

1. パイが香ばしい、苺のミルフィーユ¥1,500
2. 庭ではハーブと季節の花々が咲き誇る白亜の洋館

北野異人館 旧ムーア邸
きたのいじんかんきゅうムーアてい

非公開だった異人館を、2020年にカフェとしてオープン。クラシカルな調度品に囲まれたコロニアル様式の洋館は、窓から緑の景色が見えて、とても素敵な空間。華やかなスイーツやフルーツたっぷりのパフェに、心がときめく。

北野 ▶ MAP 付録 P.7 C-2

☎0120-210-189（総合窓口） 休火曜 ⏰11:00～17:00 ♀中央区北野町2-9-3 🚃地下鉄新神戸駅から徒歩8分 🅿なし

ウィーン・オーストリアの家のインペリアル・トルテはインターネット販売もしている。

KOBE Bay

潮風が気持ちいいウォーターフロント

メリケンパークさんぽ

神戸らしい風景が楽しめる、メリケン波止場と中突堤の間を埋め立てて作った公園、メリケンパーク。
魅力的なスポットをめぐりながら、ここちよい潮風に吹かれてメリケン波止場や緑の芝生を散歩しよう。

ホテル
オークラ
神戸

神戸海洋博物館
カワサキワールド

神戸
ポート
タワー

PHOTO SPOT

BE KOBE

フォトスポットとして人気の
「BE KOBE」のモニュメント。
ウォーターフロントに神戸市
民のシビックプライドを表す。

BE KOBE

メリケンパークってこんなところ

慶応3(1868)年、諸外国の艦船の祝砲と
ともに国際貿易港、神戸港が開港し、モ
ダン×ハイカラな神戸の歴史はここからは
じまった。メリケンパークとは、メリケン波
止場と中突堤の間を埋め立てて作られた
公園。神戸港や対岸のハーバーランドが
間近に見え、港町らしい風景が楽しめる。

&MORE

港町・神戸の ランドマーク

神戸ポートタワー
こうべポートタワー

2024年4月にリニューアルオープン
港町・神戸のランドマークとして親しまれている真紅のタワー。屋上デッキからは港や市街地、六甲山系が360度見渡せる。夜はカラーライトアップでロマンチック。

メリケンパーク ▶**MAP** 付録 P.11 C-3

🚗未定 休無休 🕐9:00～22:30※フロアにより異なる、変更の場合あり ¥展望フロア1000円、展望フロア+屋上デッキ1200円 📍中央区波止場町5-5 🚉JR元町駅から徒歩15分 Pなし

神戸海洋博物館／カワサキワールド
こうべかいようはくぶつかん／カワサキワールド

港と船、最新技術を身近に感じる
神戸港の歴史や船について楽しく学べる海洋博物館。併設するカワサキワールドでは川崎重工グループの手がけた船や新幹線、航空機などの製品を実物展示、映像を通して紹介する。

メリケンパーク ▶**MAP** 付録 P.11 C-3

📞078-327-8983（神戸海洋博物館）／078-327-5401（カワサキワールド） 休月曜（祝日の場合は翌日休） 🕐10:00～17:30 ¥900円 📍中央区波止場町2-2 🚉JR元町駅から徒歩15分 Pなし

カワサキワールドでは0系新幹線の先頭車両の実物を展示

神戸海洋博物館のエントランスにあるイギリス軍艦ロドニー号の模型

ユニークなオブジェ見いつけた

フィッシュダンスは、世界的建築家フランク・ゲーリー氏設計の巨大な鯉のオブジェ

あっちがブラジル

かつてブラジルに移住するために神戸港から乗船したことを記念する、3人家族の銅像、希望の船出

明治29（1896）年に神戸で日本初の外国映画を上映されたことを記念し作られたメリケンシアター

メリケンパークの公園内にあるモザイク模様のオブジェ、オンタルシアの鐘

ベイサイドのカフェでひと休み

スターバックス コーヒー 神戸メリケンパーク店
スターバックスコーヒーこうべメリケンパークてん

「KOBE HARBOR COFFEE CRUISE」をコンセプトに、まるでコーヒーを片手に神戸港をクルージングしているかのようなリラックスした時間が過ごせる。

メリケンパーク ▶**MAP** 付録 P.11 C-3

📞078-335-0557 休不定休 🕐7:30～22:00 📍中央区波止場町2-4 🚉JR元町駅から徒歩15分 Pなし

窓に面したカウンター席からは、神戸のパノラマを望める

関西エリア初の公園内店舗として誕生した2階建ての空間

神戸開港150年を機にメリケンパークに誕生した噴水広場は、音楽とLED照明による噴水演出が美しい。

Let's Enjoy!

エンタメが充実のベイエリア

海を感じながらハーバーランドを遊ぶ

ベイエリアにはグルメにショッピングと多彩な店がずらり。
神戸らしいウォーターフロントのロケーションも楽しんで。

\ *Night View* /

モザイク大観覧車

モザイクだいかんらんしゃ

神戸ハーバーランド umieモ
ザイクにある観覧車。50mの
高さから神戸市街や六甲山、
瀬戸内まで一望できる景色は
360度すべてが絶好の撮影ポイ
ント。昼間、夕刻、夜と乗る時
間帯によって移り変わるさまざ
まな景色が楽しめる。

ハーバーランド ▶ MAP 付録 P.10 B-4

📞078-382-7100(神戸ハーバーラン
ドumie) 🈚無休 🕙10:00~22:00
💴800円 ♀中央区東川崎町1-6-1
🚃JR神戸駅から徒歩8分
🅿3000台

ハーバーランドってこんなところ

複合施設が集結!

ベイエリアに神戸ハーバーランドumie、神戸煉瓦倉庫、プロメナ神戸などの大型施設が建ち並ぶエンターテインメントゾーン。ファミリーのおでかけはもちろん、神戸の定番デートスポットとしても人気。

神戸煉瓦倉庫 HARBOR STORES
プロメナ神戸
ハーバーウォーク
旧神戸港信号所
モザイク大観覧車
神戸ハーバーランドumie

こんなSHOPが入ってます

神戸半熟チーズケーキ
5個入 ¥1,380

神戸のおみやげにぴったり

神戸フランツ umieモザイク店
こうべフランツウミエモザイクてん

名物の「魔法の壷プリン」のほか、海や旅をコンセプトにしたスイーツが並ぶ。

こだわりのチョコを使用

モンロワール umieモザイク店
モンロワールウミエモザイクてん

人気チョコブランドのコンセプトショップ。カカオアイスクリームが絶品。

カカオアイスクリーム
シングルコーン ¥540

海辺に広がる開放的なショッピングモール

神戸ハーバーランド umie
こうべハーバーランドウミエ

モザイク・ノースモール・サウスモールの3棟があり、ファッションやグルメ、映画館などさまざまな店が充実。

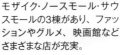

ハーバーランド ▶ MAP 付録 P.10 B-3
☎078-382-7100 休無休
時10:00～21:00(店舗により異なる)
所中央区東川崎町1-7-2 交JR神戸駅から徒歩5分 P3000台

赤煉瓦が目印の異国情緒あふれる空間

神戸煉瓦倉庫 HARBOR STORES
こうべれんがそうこハーバーストアーズ

神戸港の貨物倉庫をリノベートした複合施設。レトロモダンな空間にショップやレストランが入る。

ハーバーランド ▶ MAP 付録 P.10 B-4

☎なし 休店舗により異なる 時店舗により異なる 所中央区東川崎町1-5-5
交JR神戸駅から徒歩7分 P23台

こんなSHOPが入ってます

種類豊富なパンが食べ放題

L'insieme KOBE
リンシエメコウベ

ローストビーフランチ
¥1,900

パンとドリンクの食べ飲み放題が付いたランチメニュー(10:00～15:30)が話題。

モザイクの南東側にある光の広場は、神戸ポートタワーなど神戸らしい景色が一望できる穴場ビュースポット。

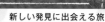

ニーハオ

China Town

日本三大中華街のひとつ

南京町でチャイナ気分

welcome

赤や金色など異国情緒たっぷりのチャイナタウンをお散歩。
ユニークなオブジェや看板など気になるものがいっぱい見つかる。

広州菜館

南京町ってこんなところ

東西270m、南北110mのエリアに
中国料理店や食材店、雑貨店など、約100店が軒を連ね見どころ
満載。神戸港開港に伴い日本にやってきた中国人が元町の南界隈に
住居を構え、さまざまな商店を始めたのが南京町の発祥。

GO TO NANKIN MACHI!

Discovery

南京町

7

8

6

9

Ⓐ **長安門**
¥990
南京町の楼門のひとつ。思い出に中華パンダと飾って

MUST BUY

Ⓐ **起き上がり
中華パンダ　各¥660**
オリジナル商品。10種以上のパンダをラインナップ

Ⓐ **パンダ変面人形**
¥1,000
帽子を倒すと、パンダの顔の変化が4回楽しめる

CUTE

Ⓑ **あみあみパンダ
ストラップ
各¥550**
ぬくもりあふれるパンダを持ち歩けば心癒やされそう

12

11

10

① 南京町の西の玄関。東面には光復の文字が刻まれている　②⑩ 自動販売機にパンダのイラスト&オブジェを発見!　③ 看板やサインはどれも中国スタイルで新鮮　④ 豚まん店の店頭でお出迎え　⑤ 12月には南京町ランターンフェアがあり、温かな光に包まれる　⑥ 南京町のシンボルである南京町広場には、中国風のあづまやと神様の来来ちゃん&財財くんがいる。記念撮影や休憩スポットして常に人がたくさん集まる　⑦ 南京町の南の玄関となる門。海方面へ出て元町通りを越えると、栄町・海岸通エリア　⑧ 街灯のデザインもおしゃれ　⑨ 中国が海外へ漢白玉(大理石)輸出を許可した第1号となった漢白玉楼門の長安門　⑪ 店頭で販売するストリートフード　⑫ 活気あふれるストリート

Ⓑ **月龍**
むーんどらごん

動物や吉祥モチーフのここにしかないオリジナルグッズも多数あるので要チェック。

南京町　**MAP** 付録 P.13 D-2
☎078-331-7791　休 無休
🕐10:00~18:30
📍中央区元町通2-1-13
🚃JR元町駅から徒歩5分　Ⓟなし

Ⓐ **ミズ倶楽部センター**
ミズくらぶセンター

ご当地キャラのグッズからチャイナタウンならではのアニマルものまで雑貨がずらり。

南京町　**MAP** 付録 P.13 C-2
☎078-391-1050　休 不定休
🕐10:30~20:00　📍中央区栄町通2-8-12　🚃JR元町駅から徒歩5分
Ⓟなし

61 南京町でもっともにぎわうお祭りといえば、旧暦の正月を祝う春節祭。龍舞や獅子舞などが登場する。

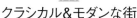

クラシカル&モダンな街
旧居留地でレトロ建築めぐり

神戸開港時に外国人が住む居留地だったエリアには、大正初期〜昭和初期の近代建築がいっぱい。
クラシカル建築を見ながら散策しよう。

最上部は半円形ペディメント

円柱のなかでももっとも重厚なドリス式のスタイル

幾何学的な装飾が施された御影石貼りの外壁

何本にも連なった巨大な角柱が重厚な雰囲気に

Ⓓ 〔 Since 1918 〕
シップ神戸海岸ビル
シップこうべかいがんビル

外壁は御影石貼りで、唐破風の
ペディメントや幾何学的な装飾が
随所に施されている。震災後に
15階建てに再建され、4階までの
低層部に保存していた旧外壁を
再構築して復元された。

旧居留地 ▶ MAP 付録 P.13 D-4

♀ 中央区海岸通3
🚶 JR元町駅から徒歩3分

Ⓒ 〔 Since 1994 〕
神戸朝日ビルディング
こうべあさひビルディング

重厚なテラコッタ造りの壁が印
象的な元証券取引所があった跡
地に再建されたビル。現在は文
化ホールや映画館が入ってい
る。古代ギリシャの神殿を彷彿
させる角柱が特徴。

旧居留地 ▶ MAP 付録 P.8 B-3

♀ 中央区浪花町59
🚶 JR三ノ宮駅から徒歩7分

Ⓑ 〔 Since 1982 〕
神戸市立博物館
こうべしりつはくぶつかん

正面に並ぶ6本のドリス式大円柱
に圧倒される、元銀行だった新
古典主義建築。昭和57（1982）
年から神戸市立博物館として利
用されている。

旧居留地 ▶ MAP 付録 P.8 B-4

♀ 中央区京町24
🚶 JR三ノ宮駅から徒歩10分

Ⓐ 〔 Since 1922 〕
神戸商船三井ビルディング
こうべしょうせんみついビルディング

美しくアールを描く外観に、最
上部半円のペディメントやテラコ
ッタなどの優雅な装飾がマッチ。
どっしりとした石積みの下層部と
の対比も美しい。現在は多くの
ショップが入る。

旧居留地 ▶ MAP 付録 P.8 B-4

♀ 中央区海岸通5
🚶 JR元町駅から徒歩8分

Discovery

旧居留地ってこんなところ

神戸港開港により外国人の営業を認可する治外法権の居留地が設けられ、西洋の文化が花咲く国際都市へと発展した。居留地が返還されてからは多くの日本人が入り込むようになり、今では歴史的建築物を利用して、飲食店やショップが営業されている。

大丸神戸店前にある時計塔ピラークロック

タクシー乗り場の看板もかわいい

ワイヤーアートやペイントなど看板も見逃せない

2階にバルコニーがある優美なコロニアルスタイル

CHECK

CAFEでひと休み

ブルーボトルコーヒー 神戸カフェ
ブルーボトルコーヒーこうべカフェ

フレッシュなコーヒー豆を使用し、注文を受けてから一杯ずつていねいに淹れるコーヒーが話題のアメリカ発のコーヒーショップ。ソファ席やハイテーブルなどがあり、思い思いの時間を過ごせる。

[旧居留地] ▶ [MAP] 付録 P.13 D-3
🔒非公開 🗓無休 🕐8:00～19:00
📍中央区前町1 🚶JR元町駅から徒歩8分 🅿なし

白を基調にした店内の中央には、真鍮素材のコーヒーバーカウンターを設置

ハンドドリップで1杯ずつていねいに淹れるコーヒー

Ɛ Since 1880
旧神戸居留地十五番館
きゅうこうべきょりゅうちじゅうごばんかん

明治13（1880）年頃にアメリカの大使館として建てられた「旧神戸居留地十五番館」。2階建てのコロニアル様式の木造煉瓦造建築が今はレストラン（→P.19）として営業。

[旧居留地] ▶ [MAP] 付録 P.8 B-4
📍中央区浪花町15
🚶JR元町駅から徒歩8分

旧居留地内の住所は町名+番地の外国スタイル。町名は江戸、京町、浪花町など日本の都市にちなんだものが多い。

Kobe Wall Art

壁アートを背景に撮影！

写真を撮りたくなる壁がある
おしゃれ壁を探して自撮り♪

今やSNS上を席巻するおしゃれ壁。ダイナミックでカラフルな色使いで彩られた壁はフォトスポットとして大人気。

そんな壁を神戸でも発見！背景に撮影すれば、何気ない自撮りだってトレンド感マシマシに。撮影時は周囲の邪魔にならないよう注意しよう。

ベイエリアの人気ウォールアート

A メリケンパークの
フィッシュダンス近く

MAP 付録 P.11 D-3
🚶 JR元町駅から徒歩10分

迫力あるグラフィックな壁絵は圧巻！

B 神戸三宮駅前の
センタープラザ

MAP 付録 P.9 C-2
🚶 JR三ノ宮駅から徒歩5分

メリケンパークや北野のタイル絵

C メリケンパーク入口

MAP 付録 P.8 A-4
🚶 JR元町駅から徒歩10分

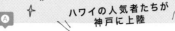

ハワイの人気者たちが
神戸に上陸

A カラーリングも
キュートな脱力系の
気になる壁画

A ハッとするほどの
力強い女性の
まなざし

A モノクロにして
この存在感！

C 神戸の名所を描いた
タイル絵

B 海と山の女神がテーマの
全長約30mの壁画

Gourmet

おいしいもの、そろってます

港町のハイカラ洋食に各国料理など、
西洋文化の玄関口で花開いた料理が自慢の神戸。
世界に名を轟かす神戸ビーフや
本場さながらの中国料理も神戸ならではの味です。

Bon
Appetit

ビフテキのカワムラ三宮本店
ビフテキのカワムラさんのみやほんてん
≫P.78

Have a nice day!

Good Morning ◉

朝から気分がアガる！

一日のスタートは**HAPPY朝ごはん**

おいしい朝ごはんを食べるのも旅の醍醐味のひとつ。
ここちよい朝の時間を過ごして、一日のパワーをフルチャージしましょ。

Good Morning!

朝食は宿泊者が優先だが、
空席があれば2日前まで予約
可能。事前に問い合わせを

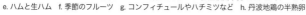

a. クロワッサン、フィナンシェなど数種のパン　b. 飲むサラダ　c. 低温殺菌牛乳のカフェオレ　d. タピオカ・オ・レ
e. ハムと生ハム　f. 季節のフルーツ　g. コンフィチュールやハチミツなど　h. 丹波地鶏の半熟卵

1. ヨーロッパの邸宅を彷彿させ
るレンガ造りの建物
2. 1階にあるフレンチレストラン
「アッシュ」

総支配人で総料理長
である山口氏

食の楽しみに満ちた北野のオーベルジュ

神戸北野ホテル
こうべきたのホテル

山口浩総料理長の「水のフレンチ」が味わえる神戸オーベ
ルジュの代表格。フランスの「ラ・コート・ドール」から受け継
いだ"世界一の朝食"は、焼きたてのパンや手作りコンフィ
チュールなど、ここでしか味わえない品々が、テーブルを
彩り、朝から至福の時間を演出する。

▶ 北野 ▶ MAP 付録 P.6 A-3
☎078-271-3711　休無休　🍴7:00〜10:00（朝食）　📍中央区山本
通3-3-20　🚃JR三ノ宮駅から徒歩15分　🅿16台

morning menu

カンパーニュ
パストラミ
120g

¥2,200

自家製のパストラミをカンパーニュでぎゅっと
サンドしたボリューミー＆贅沢なサンドイッチ

1. パンケーキ¥1,430。ふわふ
わのパンケーキに、自家製のベ
ーコンとソーセージをトッピング。
メープルシロップをかけて甘じょ
っぱさを堪能　2.3. N.Y.にある
ビストロをイメージした店。
クラシックなものを今っぽくア
レンジする技は料理でもインテ
リアでも同じ

morning

1

3

2

クラシカル×現代アレンジのビストロ

LE BOOZY
ルブージー

北野にあるビストロの土・日曜限定ブランチメニューが
人気。ここでしか食べられないものをコンセプトに、
ベーコンからカンパーニュに至るまで食材はほとんどが
自家製というこだわりよう。サンドイッチからカレーまで
ブランチメニューは10種ほどあり、目移り必至。夜営
業時は異なるメニューをスタンバイ。

キャラも腕も一流
の小林元気シェフ

北野　▶MAP付録 P.7 C-3

☎078-778-9686　休不定休　⏰18:00
〜22:30（土・日曜は10:00〜14:00も営業）
📍中央区加納町2-3-13コンフォールびふう
1階　🚉JR三ノ宮駅から徒歩8分　Ｐなし

morning menu

厚焼き玉子と
クリームチーズの
サンドイッチ

¥1,100

ふっわふわの厚焼き玉子にクリームチーズが
まろやかなアクセントに。スープとドリンク付き

1. 大きな窓から陽光が降り注ぐ店
内には、洗練された照明やインテ
リアが目をひく　2. 北野坂に面し
たスタイリッシュな外観　3. 今
週のタルティーヌ¥1,296。神戸
野菜をメインに使ったオープンサ
ンド。この日は自家製ベーコンや
アボカドなどのトッピングに、パッ
ションフルーツのソースをオン

morning

3

見て、食べて、おいしい！心惹かれるひと皿

dining social
ダイニングソシアル

北野坂にあるスタイリッシュなダイニングは、洗練
されたスイーツスタイルで人気の「CAKE STAND」
（▶P.37）の新展開。神戸の野菜を中心に朝食か
らディナーまで、趣向を凝らしたフードやデザートメ
ニューが並びファンが急増中。繊細に盛り付けされた
プレートに、思わずうっとりしてしまう。

北野　MAP付録 P.6 B-3

☎078-585-6488　休木・金曜
⏰9:00〜17:00（土・日曜、祝日は〜18:00）
📍中央区山本通1-7-15東海ハイツ1階南側
🚉JR三ノ宮駅から徒歩10分　Ｐなし

神戸北野ホテルの30室の客室はすべてテイストの異なるインテリアでステキ。

Minato Gourmet

歴史が作り上げた絶品メニュー

港町のハイカラ洋食

欧米文化をいち早く取り入れてきた港町神戸。その神戸を代表する料理といえば洋食。
受け継がれる味や当時の趣を残す店内など、老舗ならではの雰囲気で絶品洋食を楽しもう。

menu
ビーフカツレツ
¥2,860

ビフカツ

フィレ肉のやわらかさは感動もの！4日間煮込むデミグラスソースとの相性が抜群

Q 神戸の洋食のルーツとは？

A 外国航路の船で腕をふるっていたコックたちが、なじみ深い神戸の地で店を開いたのが始まりとされている。また、居留地内にあるホテルのシェフが独立した店も多い。

アンティークを飾った店内装飾は世代を問わず喜ばれています。とんかつ定食も人気ですよ

現在も店に立つ名物女将、日笠さん

menu
ビフカツサンド
¥2,380

テイクアウト用の箱はメニューなどと同じく画家、川西英氏のデザイン

欧風料理もん
おうふうりょうりもん

クラシカルな雰囲気と神戸牛を使った料理に世代を超えてファンが多い

昭和11（1936）年創業の洋食店。メニューや調理方法はもちろん、店内も創業当時そのままのレトロな雰囲気。神戸牛を使った料理が特徴で、おすすめはやわらかくあっさりした味付けのビーフカツレツ。4階の座敷で食べるすき焼きやしゃぶしゃぶも人気。

三宮 ▶ MAP 付録 P.8 B-2
☎078-331-0372 休第3月曜
🕐11:00〜20:30
📍中央区北長狭通2-12-12
🚶JR三ノ宮駅から徒歩3分
Ｐなし

いくたロードに面した好立地。クラシカルな店構えがステキ

menu
ヤサイサラダ
¥1,480

新鮮野菜にポテトサラダ、そしてオリジナルドレッシングが最強のマッチング

長時間かけてやわらかく煮込んだ国産牛肉に、自慢のデミグラスソースをたっぷりと

menu
シチュービーフ
¥2,450

天井が高く、レトロモダンな雰囲気が素敵

ハイシライス¥1,000など、手軽なメニューもあります

オーナー 杉中さん

グリル十字屋
グリルじゅうじや

地元ファンに愛され続けるノスタルジックな洋食

昭和8（1933）年創業の老舗洋食店で、3代にわたり、その味を守り続けている。2日かけて煮込み、1日寝かして作る自慢のデミグラスソースは、創業以来ほとんど変わらない。映画の舞台にもなった店内にも注目して。

旧居留地 ▶MAP 付録 P.9 C-3
☎078-331-5455 休日曜 ▸11:00～14:30、17:00～19:30（土曜、祝日は17:30～）♀中央区江戸町96 ‼JR三ノ宮駅から徒歩7分 Pなし

ビーフシチュー

神戸洋食とワインの店 L'Ami
こうべようしょくとワインのみせラミ

まるで花が咲いたみたい！？ふわっふわのオムライス

カウンター席のみのこぢんまりとした店で腕をふるうのは、旧オリエンタルホテルとホテルオークラ神戸出身のシェフ。カジュアルに本格的な洋食が食べられるとあって、行列必至の人気店。

元町 ▶MAP 付録 P.8 B-3
☎078-327-7225
休月・火曜 ▸17:00～20:30
♀中央区三宮町3-4-3
‼JR元町駅から徒歩5分
Pなし

ぷるんっと美しいオムレツ

ナイフで切り開く

ふわふわトロトロの卵が広がる

女性ひとりでも入りやすいカジュアルな雰囲気

menu
ふわふわたまごのオムライス
¥1,210

オムライス

ハンバーグステーキ

南京町からもすぐの立地。新開地と三宮に姉妹店がある

menu
ハンバーグステーキ
¥1,900

表面はカリッ、中はふんわり焼き上げたハンバーグ。エビフライのトッピングも人気

グリル一平 元町東店
グリルいっぺいもとまちひがしてん

5日かけてじっくり作った絶品デミグラスソース

オーソドックスでありながら、こまやかな仕事と自慢のデミグラスソースにオリジナリティをプラスした「洋食のおかず」がずらり。日本人好みの濃厚な味わいの洋食に、リピーターも多い。

元町 ▶MAP 付録 P.13 C-2
☎078-599-5785 休木曜
▸11:00～14:30、17:00～20:00
♀中央区元町通2-3-2ジェムビルB1階
‼JR元町駅から徒歩3分 Pなし

 牛肉食文化になじんだ神戸ではビフカツが洋食の人気メニューのひとつ。肉汁×デミグラスソースが味の決め手。

China Town

テイクアウトで気軽に!

南京町は食べ巡りパラダイス

活気あふれる屋台に並ぶホカホカのメニューたち。
南京町を散策しながらあれこれ食べちゃおう!

福建焼ビーフン
¥400
米の香ばしさ満点の
人気No.1ビーフン

Ⓐ **YUN YUN** ユンユン

ケンミン食品のアンテナショップ

「ケンミンの焼ビーフン」でお馴染み
のケンミン食品の直営店。ビーフン
各種はもちろん、できたての焼小籠
包も人気。

南京町 **MAP** 付録 P.13 D-2
☎078-392-2200 休不定休
⏰11:00〜18:00(焼小籠包は売り切
れ次第終了) 📍中央区栄町通1-3-17
🚃JR元町駅から徒歩3分 Ｐなし

焼小籠包
(6個) ¥800
カリッと香ばしく焼い
た皮の中から、熱々
の肉汁スープが飛び
出す特製焼小籠包

Ⓑ エストローヤル
南京町本店

長安門[

Ⓐ YUN YUN

アイデアと素材にこだわった洋菓子店

エストローヤルなんきんまちほんてん
エストローヤル 南京町本店

シュー・ア・ラ・クレームは甘さ控えめ
で生地がサクサク。創業時からの定
番商品シュー・シュルプリーズも人気。

南京町 ▶ **MAP** 付録 P.13 D-2
☎078-391-5063 休無休 ⏰10:00
〜18:30 📍中央区元町1-5-3
Ⓑ 🚃JR元町駅から徒歩4分 Ｐなし

さつまいものクレオル
¥400
さつまいもの裏ごしを混ぜ
たサブレ生地で、さつま
いもと栗のペースト入りク
レームダマンドをサンド

約100店もの店が軒を連ねる南京町

パンダシュー
¥410
王子動物園のパンダ、
タンタンをイメージしたシュー

ミルフィーユ
¥573
バリバリ食感が
おいしい創業時
からの人気商品

シュー・ア・ラ・クレーム
¥260
芳醇なバニラビーンズが
たっぷりの伝統の味

ふわふわもちもちのボリューム満点包子

こうらんほんてん
皇蘭 本店
創業60年以上、豚まんでも知られる皇蘭の本店。食べ歩きにぴったりな包子が話題。4～11月中旬には杏仁フローズン、11月下旬～3月は杏仁ドリンクを販売。

南京町 ▶MAP付録 P.13 C-2
☎078-331-6477 休不定休
営11:00～18:00(土・日曜、祝日は19:00、店内は11:00～14:30)
中央区栄町通2-10-6
JR元町駅から徒歩5分 Pなし

杏仁ドリンク
プレーン¥600
ストロベリー/マンゴー¥700
杏仁ミルクと杏仁豆腐の2層仕立て。爽やかな味わい

角煮包子
¥400
店でトロトロになるまで煮込んだ自家製角煮が絶品

海老チリ包子
¥600
人気の海老チリやエビマヨも包子で気軽に食べられる

豚まん
(6個)¥600
独特な風味の皮と醤油で味付けした具がマッチ

行列ができる元祖豚まん店

ろうしょうき
老祥記
大正4(1915)年創業で、元祖「豚まん」の発祥店。南京町広場前にあり、店舗前にはいつも行列ができている人気店。

南京町 ▶MAP付録 P.13 D-2
☎078-331-7714 休月曜(祝日の場合は翌日休)
営10:00～18:30(売り切れ次第閉店)
中央区元町通2-1-14 JR元町駅から徒歩5分 Pなし

老祥記 E

南京町広場

]西安門

南京町食べ巡り

Gourmet

もっちりぷるぷる自慢のタピオカ

てんふくめいちゃ
天福茗茶
上品な甘い香りとなめらかさに感動する杏仁豆腐や、毎日仕込むこだわりのタピオカが絶品。2階には喫茶がある。

皇蘭 本店 F

南京町 ▶MAP付録 P.13 D-2
☎078-333-0229 休不定休
営10:30～18:00(カフェは11:30～17:00) 中央区栄町通2-8-15
JR元町駅から徒歩4分 Pなし

台湾名物の湯包を手軽に食べ比べ

だいどうこうたいわんタンパオなんきんまちてん
大同行・台湾タンパオ 南京町店
台湾生まれの小籠湯包(ショウロンタンパオ)の専門店。厳選された食材で作った肉汁たっぷりの湯包(タンパオ)をリーズナブルに食べられると話題。

南京町 ▶MAP付録 P.13 D-2
☎078-331-5356 休水曜
営11:00～17:00(土・日曜、祝日は～18:00) 中央区栄町通1-3-13
JR元町駅から徒歩5分 Pなし

大同行・台湾タンパオ
南京町店 D
天福茗茶 D

蟹小籠湯包
5個¥500
カニの風味を凝縮

タピオカ入り杏仁豆腐
¥450(テイクアウト)
こちらも人気。イートインならお茶付きで¥900

台湾アッサムミルクティー
¥550
オリジナルブレンドの茶葉を使用。華やかな香りが特徴

肉焼売
5個¥500
具がぎっしりの焼売

小籠湯包
6個¥500
口に入れた瞬間にスープがあふれ出す

蒸餃子
5個¥500
豚肉とニラがぎっしり

肉包
6個¥500
醤油ベースのジューシーな肉まん

店頭での呼び込みが激しい店は要注意。しっかり自分の目で見極めよう!

Noodle

サクめしにぴったり

中国料理のファストフード中華麺

中国料理店の多い神戸では、サクッと飯に中華麺は当たり前!
有名店から地元で愛される街中華までさまざまな麺ものをご案内。

Ⓑ
ネギ汁そば
¥825

ひね鳥の鶏がらや貝柱
を煮込んだ透明のスー
プはあっさり。ご飯後
のシメにも◎

Ⓒ
**牛シチューの
煮込み汁そば**
¥1,080

あっさりとした汁そばに、八
角などの香辛料で長時間煮
込んだ牛バラ肉をトッピング

Ⓒ
**あんかけ
五目ヤキソバ**
¥1,000

生のそばをこんがり焼いた
上に自家製チャーシュー、
えび、いかなどがたっぷり

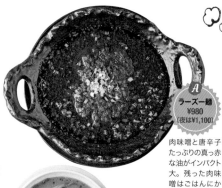

Ⓐ
ラーズー麺
¥980
(夜は¥1,100)

肉味噌と唐辛子
たっぷりの真っ赤
な油がインパクト
大。残った肉味
噌はごはんにか
けても◎

Ⓐ
担々麺
¥980
(夜は¥1,100)

ゴマの風味と唐辛子
の辛さ、コクがある
スープと細麺が相性
抜群。手作りラー油
の辛味もいい

良友酒家
りょうゆうしゅけ

**本場の味と伝統を受け継ぐ
広東料理と中国風寄せ鍋の火鍋**

開店当時から味と伝統を守り続け、
地元で愛される広東料理と火鍋の
店。手間ひまかけて作られるスープ
や調味料をベースに作る料理は
どれも絶品。多彩な料理が120種
類以上そろう。麺類の種類が豊富
でリピーターが後を絶たない。

北野 ▶MAP 付録 P.6 A-4

☎078-221-5866　休月曜
⌚11:15〜14:30、17:00〜19:45
📍中央区中山手通3-11-8
🚃JR元町駅から徒歩7分　🅿2台

順徳
じゅんとく

**広東料理が幅広く味わえる
素材を生かした本格中華**

地元での支持も厚いトアロードの人
気店。日本人の口に合う広東料理
を提案し、素材を生かした味が定
評。とくに人気は透明スープのネ
ギ汁そば。これを目当てに来店す
るファンも多い。ディナータイム
にはコース料理も登場する。

トアロード ▶MAP 付録 P.8 B-2

☎078-331-5320　休月曜(祝日の場合は
翌日休)
⌚11:30〜14:00、17:00〜20:30
📍中央区北長狭通3-4-7　🚃JR元町駅か
らすぐ　🅿なし

大陸風
元町店
たぁるぅふぉんもとまちてん

**四川料理をベースに
独自の調理法をプラス**

人気調味料「味覇(ウェイパー)」で
知られる「廣記商行」がプロデュー
スする、四川ベースの中国料理
店。1000円以下で楽しめるランチ
から本格的なアラカルトやコースま
で豊富にそろう。欄間を用いたレト
ロな雰囲気の店内もステキ。

元町 ▶MAP 付録 P.13 C-1

☎078-331-1218　休月曜
⌚11:00〜14:30、17:00〜20:30
📍中央区元町通3-2-23
🚃JR元町駅から徒歩すぐ　🅿なし

F 北京ダック
ラーメン
¥1,529

ダックの骨で取ったスープはすっきりなのに旨味濃厚。香ばしい北京ダックもたっぷりとオン

D 生姜、ネギ、焼き豚、
小海老の和えそば
¥1,980

厳選した広島の牡蠣エキスで作る、濃厚自家製オイスターソースが味の決め手

D 三種の魚貝類の
焼きそば
¥2,090

いか、えび、帆立入りの豪華なあんかけ焼きそば。麺はハードかソフトから選べる

E ピリ辛汁
ビーフン
¥980

鶏、牛、豚を長時間煮込んだ濃厚スープをベースに、自家製の肉味噌が食欲をそそる

E 特製土鍋
焼ビーフン
¥1,400

野菜やえび、自家製チャーシューなど具材たっぷりの麺は食べ終わるまでアツアツ

Gourmet

中華麺

F 北京ダック
専門店 華鳳
べきんダックせんもんてんかほう

**備長炭で焼き上げる
本格的な北京ダックを気軽に**

生の状態からタレにつけ、干し、専用のマシンを使って備長炭でじっくりとロースト、と3日間かけて仕上げる北京ダックが名物。気軽なテイクアウトやランチセット、コースなど様々なスタイルで、本格的な北京ダックが楽しめる。

南京町 ▶ MAP 付録 P.13 C-2

☎078-327-0141 休不定休
🕙10:30～22:00 ♀中央区元町通2-4-3
🚶JR元町駅から徒歩5分 Pなし

E 健民
ダイニング
けんみんダイニング

**多彩なビーフンメニューと
こだわり中国料理**

ビーフンでおなじみの「ケンミン食品」によるシックな雰囲気の中華料理店。オリジナルのビーフンメニューをはじめ、本格中国料理がゆったりと味わえる。ランチはとくにセットメニューが充実し高コスパなので、近隣の会社員や観光客に大人気。

海岸通 ▶ MAP 付録 P.12 A-3

☎078-366-3039 休水・木曜
🕙11:30～14:00、17:00～20:00
♀中央区海岸通5-1-1
🚶JR元町駅から徒歩5分 Pなし

D 神戸元町
別館牡丹園
こうべもとまちべっかんぼたんえん

**地元客に愛され続ける
伝統に裏付けされる老舗店**

新鮮な魚介を使用した定番の広東料理を中心に、独自レシピで製造した生麺を使った麺類をはじめ、ご飯ものなど、メニューは100種類以上。どれも素材のおいしさをダイレクトに伝える。親子で代々通う地元客も多い元町の人気店。

元町 ▶ MAP 付録 P.13 D-2

☎078-331-5790 休水曜（祝日の場合は翌日休）🕙11:00～14:20,17:00～19:50
♀中央区元町通1-11-3 🚶JR元町駅から徒歩3分 Pなし

神戸のローカルフードともいえる中国料理店の麺料理。汁そばから焼きそばまで独自の個性を発揮する麺料理がそろい踏み。

Favorite Menu

絶品メニューを求めて

この店でコレ食べたい！本格チャイニーズ

本場中国などで修業を積んだ料理人が腕をふるう名店を
ジャンル別にご紹介。看板メニューを召し上がれ。

昌園 しょうえん ｜広東料理｜

南京町広場からすぐの店。広東料理の伝統と基本
はしっかり守りつつ、そこにシェフによる独創的な
アレンジをプラスした広東料理。毎日市場で仕入れ
る新鮮食材を日本人の口に合うよう調理。お手頃な
ランチメニューも見逃せない。

｜南京町｜ ▶MAP 付録 P.13 D-2

☎078-392-3389 休不定休 ⏰11:00～21:00 ♦中央区元町通
1-3-7チャイナスクエアビル1階 🚉JR元町駅から徒歩5分 🅿なし

1. 木目を基調とした落ち着いた雰囲気 2. 南京町広場の前に
あり見つけやすい 3. 貝柱とアスパラXO醤炒め¥2,268。新鮮
な貝柱とアスパラがXO醤と絶妙にからむ人気メニュー

❝シェフのセンスが光る伝統的な海鮮広東料理❞

蟹肉と春雨の煮込み
¥4,950
ハーフサイズ ¥2,750

カニのエキスが春雨にしみ込む名物料理の
ひとつ。土鍋で供されアツアツ

❝飲茶ワゴンから選べる
本場香港スタイルの点心❞

アラカルトで好きな
点心を注文するの
も可能

お昼のミニコース
¥2,880（土・日曜、
祝日は¥3,880）

3つのワゴンから選
べる点心2皿と中華
粥または麺料理、野
菜炒め、デザートが
セット

施家菜 點心坊 しーかさいてんしんぼう ｜飲茶｜

香港から招かれた点心師が皮から作りあげ
る飲茶は、本場、香港と遜色なしと話題の
店。店内を、蒸し、焼き、お粥の3つのワ
ゴンが回り、好きな点心を見て選べるスタ
イルなのも本格的で楽しい。

｜三宮｜ ▶MAP 付録 P.8 B-1

☎078-381-8137 休水曜 ⏰11:30～14:00、
17:30～21:00 ♦中央区下山手通3-11-17
🚉JR三ノ宮駅から徒歩10分 🅿なし

1. 広々とした店内。円卓も
あり大人数でもOK
2. 系列の香港海鮮料理店
「施家菜」も近くに
3. 小豆入子豚饅頭¥660

スパイスと香ばしさが後を引く柔らか焼鶏

焼鶏 ¥1,200

何もつけずに、そのままの味を楽しんで。
1羽¥3,500や小皿¥900など、サイズも選べる

劉家荘 〔北京料理〕
りゅうかそう

看板メニューは若鶏の姿焼き、焼鶏(しょうけい)。秘伝のスパイスを加えて丸1日寝かせ、高温の油で皮をパリッと揚げた後、蒸し器で蒸し上げるので、皮は香ばしく身はやわらかく仕上がる。鶏肉水餃子(6個)¥690や肉巻き(ゆば巻)¥1,100おすすめ。

南京町 ▶ **MAP** 付録 P.13 D-2

1. カウンター席メインで、1人でも入りやすい
2. 南京町のメインストリートから一つ路地に入る

☎078-391-7728 🏠水曜(祝日の場合は翌日休) 🕚11:30〜14:30、17:00〜20:30 📍中央区元町1-4-8 🚃JR元町駅から徒歩3分 🅿なし

龍郷 〔広東料理〕
りゅうきょう

伝統的な広東料理をベースとしながら、和・洋・中の素材や調理法を用い、日本人の感性にあった料理に仕上げる。¥3,500と¥5,700のコースのほか、炒飯や麺類、点心などから北京ダックやフカヒレなどの豪華な一品まで、アラカルトも豊富にそろう。

南京町 ▶ **MAP** 付録 P.13 D-2

☎078-391-2937 🏠不定休 🕚11:30〜14:30、17:00〜20:00(土・日曜の夜は16:30〜) 📍中央区元町通1-3-16 チャイナコートビル2・3階 🚃JR元町駅から徒歩4分 🅿なし

厳選した高級食材のうまみをあますことなく

フカヒレの姿煮込み(M) ¥6,800

大きな国産のフカヒレを、醤油で煮込んだ贅沢な一皿。自家製オイスターソースが隠し味

1. 季節のおすすめ 牛バラ肉の煮込み¥2,000
2. 全180席の大箱、大小さまざまな個室も備える

南京町屈指の人気店で長く愛される伝統の味を

名物のいかの天ぷら(小)¥2,100

シンプルな味付けで、アオリイカのうまみがしっかり。サクサク衣の食感もいい。

1. 開店と同時に満席状態になるので早めの来店が◎
2. 上海カニミソ入り豆腐 ¥2,250。濃厚な蟹の風味と豆腐のコラボが絶妙

〔広東料理〕

民生 廣東料理店
みんせいかんとんりょうりてん

南京町でいちばん老舗の広東料理店で、味、量、値段のバランスが良いとファンが多い。アオリイカに片栗粉をつけて揚げた香ばしいいかの天ぷらは創業以来の看板メニュー。ほかにも乾物のうまみを取り入れながら、素材の味を引き立てる料理が多い。

南京町 ▶ **MAP** 付録 P.13 D-2

☎078-331-5435 🏠月曜(祝日の場合は翌日休) 🕚11:30〜14:30、17:00〜19:30 📍中央区元町通1-3-3 🚃JR元町駅から徒歩4分 🅿なし

飲茶にはフルコース、オーダーバイキング、食べ放題など、さまざまなスタイルがある。

World Wide

本場の味をめしあがれ

外国人オーナーシェフが腕をふるうワールド グルメ

神戸港開港以来、今も昔も外国人が多く住む神戸には外国人が現地の味を伝えるために
腕をふるうレストランが点在する。本場さながらの料理をめしあがれ。

アッサラーム・
アレイクム

ボリューム満点の
ランチBセット¥1,540

現地の趣を
感じる店内
で、海外旅
行気分が味
わえる

パキスタン出身の
イリヤス・アリさん

パキスタン料理

北野異人館街か
ら近く、パキスタ
ンの国旗が目印

アリズ ハラール キッチン

北野にあるパキスタン料理店。インド料理と比べると
油の量が控えめで、辛さと甘さ、酸味のバランスも
よく食べやすいと評判。多彩なスパイスとハーブが
織りなす香りと、インドの高級米・バスマティライスの
ハーモニーが格別なビリヤニが特に人気。

北野 ▶**MAP** 付録 P.7 C-3
☎078-891-3322 休無休 ⏰11:00〜15:00、17:30〜22:00
(土・日曜は10:00〜) 📍中央区中山手通1-20-14
🚃JR三ノ宮駅から徒歩6分 Ｐなし

マトンビリヤニ¥1,650
骨付きのマトンがほろりとほ
どける、絶品ビリヤニ。サラ
ダ、ドリンク付き

Pakistan

本格的なパキスタン料理

現地シェフによる

心地よいテラス席で
パリのカフェ気分を満喫

France

ランチコース¥2,200〜

フランス料理

Bistrot Cafe de Paris
ビストロカフェドパリ

北野坂に面した異国情緒たっぷりのテラス席が目を
引くビストロカフェでは、陽気なフランス人オーナー
がお出迎え。オープンテラスのおしゃれな雰囲気は、
まるでパリの街角にいるよう。シャンソンが流れる店
内では、ビストロ料理とスイーツが味わえる。

北野 ▶**MAP** 付録 P.6 B-3
☎078-241-9448 休不定休 ⏰11:00〜
20:00 📍中央区山本通1-7 🚃JR三ノ宮
駅から徒歩10分 Ｐなし

Bonjour

テイクアウト
もOKの神戸
カヌレ5個
¥1,296

フランス人の
アズィ・アズーズさん

RAJA
ラジャ

インド料理

ナマステ

2代目の
アルン・ライさん

創業以来40年以上、舌の肥えたインド人たちを満足させてきた料理は、北インドの洗練された都会の味。タンドールで焼き上げる炭火焼料理からベジタリアン料理までラインナップ。現在はホテルの総料理長だった父の意志を継ぐ2代目が店を切り盛り。

元町 ▶ **MAP** 付録 P.13 C-2

☎078-332-5253 休月曜（祝日の場合は翌日休）営11:30〜14:30、17:00〜21:00 ♀中央区栄町通2-7-4 佐野達ビルB1 ♥JR元町駅から徒歩5分 Pなし

注文のたびにタンドールで
素焼きする大人気のナン

各テーブルに用意された
オリジナルのスパイス

スパイスをたっぷり使った高級インド料理

Bランチセット¥2,180
自慢の炭火焼3品やチキン、マトン、野菜から選べるカレー、ナン、ライス、チャイ付き

India

レゲエのリズムに包まれながら陽気なジャマイカ料理を

アキーアンドソルトフィッシュ¥1,750
アキという木の実と塩ダラを炒めたジャマイカの国民食。豆ライス付き

Jamaica

Hi there

ジャマイカ出身
ノエル・ウインストン・
リンズィーさん

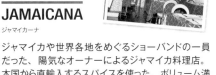

ジャークチキン ランチ
¥1,250
香辛料を使ったペーストソースに漬け込んだ鶏肉をやわらかく焼き上げる

ジャマイカ料理

JAMAICANA
ジャマイカーナ

ジャマイカや世界各地をめぐるショーバンドの一員だった、陽気なオーナーによるジャマイカ料理店。本国から直輸入するスパイスを使った、ボリューム満点のメニューが並ぶ。ジャマイカビールもおすすめ。音楽と料理で気分はカリビアンに。

北野 ▶ **MAP** 付録 P.6 B-4

☎078-251-6488 休月曜（祝日の場合は翌日休）営17:30〜23:00（土、日曜、祝日は11:30〜14:00の営業も）♀中央区中山手通1-22-27 DOM'S北野ビル 8階 ♥JR三ノ宮駅から徒歩5分 Pなし

Gourmet

ワールドグルメ

 神戸にはほかにロシア料理やトルコ料理、マレーシア料理など、さまざまな国の料理店がある。

0

あこがれのブランド牛を味わいたい

世界が認める神戸ビーフ

Let's Eat!!

神戸タウンには神戸ビーフをいただける鉄板焼きレストランが多彩にそろう。
焼きパフォーマンスとともに、脂のまろやかな甘みととろける食感を満喫したい。

神戸牛って?
ブランド牛、但馬牛の血統で厳しい肉質の規格を満たしたものだけが"神戸ビーフ"と名乗ることができる。神戸ビーフの肉にはのじぎくの判が押されているのが特徴。

焼きパフォーマンスに目の前の食欲をそそられる!

Delicious

目の前の鉄板で焼き上げる
熟練の技による神戸ビーフ

ビフテキのカワムラ三宮本店
ビフテキのカワムラさんのみやほんてん

神戸を中心に兵庫県内、大阪・東京に計8店舗を展開する鉄板焼レストラン。レンガ造りの落ち着いた店内で味わえるのは、驚くほどやわらかな神戸ビーフ。神戸ビーフであることはもちろん、認められたチャンピオン牛の肉も扱うなど、品質にもこだわった最高級品を提供している。

三宮 ▶ **MAP** 付録 P.9 C-1

☎078-335-0399 休月曜不定休 ⏰11:30～14:30、17:00～21:00 📍中央区加納町4-5-13 ヌーバスピリット1階 🚃JR三ノ宮駅から徒歩すぐ 🅿なし

カウンター席や個室もある

menu
特選神戸ビーフランチ
¥14,300～
口のなかでとろけるロースを、白みそベースの特製ソース、岩塩、ステーキ醤油でいただく

Gourmet

神戸ビーフ

歴史ある名店で
目利きが冴える上質肉を

モーリヤ本店
モーリヤほんてん

神戸ビーフを扱い百三十余年、神戸ビーフを贅沢に楽しめる店。但馬牛の血統を受け継ぎ、同じ条件で飼育した厳選牛の肉をお得な料金で味わうこともできる。

1. 極上神戸牛 ディナーコース ¥18,370
2. カウンター席をメインにテーブル席もある
3. モーリヤ独自の六面焼きでうまみを閉じ込める

三宮 ▶**MAP** 付録 P.8 B-1
☎078-391-4603　休不定休
⏰11:00〜21:00
📍中央区下山手通2-1-17
🚶JR三ノ宮駅から徒歩3分　Ｐなし

鉄板焼きステーキの
スタイルを確立した老舗

ステーキみその 神戸本店
ステーキみそのこうべほんてん

戦後間もないころ「鉄板焼ステーキ」を世界で初めて出したことで有名な昭和20(1945)年創業の店。神戸ビーフをはじめ、A4、A5等級の黒毛和牛肉を赤穂の焼塩で味わえる。

三宮 ▶**MAP** 付録 P.9 C-1
☎078-331-2890　休無休
⏰11:30〜13:30、17:00〜21:00
📍中央区下山手通1-1-2 みそのビル7・8階
🚶JR三ノ宮駅から徒歩5分　Ｐなし

1.3. Aコース特選神戸牛 サーロインステーキ ¥24,200〜　2. 客前の鉄板は料理が焦げないよう工夫されている

1.神戸牛ステーキ120g ¥3,200。サラダに季節のスープ、ライスまたはバケットが付く　2. 元町商店街にあり、店内は和モダンでおしゃれな雰囲気

多彩なメニューを
カジュアルに味わうなら

神戸ステーキ メリカン
こうべステーキメリカン

ジャズが流れる店内で、神戸牛や黒毛和牛を味わえる店。ビーフカツやハンバーグなどのカジュアルなアラカルトから、本格的なステーキのコースまで、幅広いラインナップ。

元町 ▶**MAP** 付録 P.12 A-2
☎078-381-5790　休無休
⏰11:00〜15:00、17:00〜20:00
📍中央区元町通5-3-16
🚶JR元町駅から徒歩5分　Ｐなし

79　神戸牛はステーキだけではなく、コロッケや牛丼、餃子などでもカジュアルに食べられる。

Cheers!

夜までたっぷり神戸を満喫

おしゃれ空間で乾杯！ グルメな夜呑み

こだわりのお酒とそれに合う料理があれば、一日の締めくくりは完璧。
地元の人にも人気の味もお酒も自信ありな店で、旅のひとときに酔いしれたい。

GALLO GARAGE
ギャロガレージ

神戸で人気の肉ビストロを展開するギャログループの店。国産赤身肉を揚げ焼きにするステークフリットなど、豊富な肉メニューが楽しめる。部位による食感やうまみの違いを食べ比べするのもおすすめ。こだわりの内装にも注目したい。

トアロード **MAP** 付録 P.8 B-2

☎ 078-599-7088　休 不定休
🕐 18:00～22:00　♀ 中央区北長狭通
2-5-17 メープル三宮 3階
🚃 JR元町駅から徒歩5分　P なし

遊び心あふれる店内でがっつりお肉を堪能

1

2

1. ビルの3階にある隠れ家的なお店
2. ステークフリット イチボ100g¥2,420、広島県産なかやま牛カイノミ100g¥2,640
※仕入れ状況により価格変更あり　3. 有名アーティストの壁画などアート要素が満載な店内　4. 気軽に飲めるカウンター席も

そのほかのMENU

シェフのおまかせ前菜

一人前 ¥2,310 ～

豚や鶏のハム、日替わりのパテやテリーヌなどのシャルキュトリはすべて自家製。手の込んだ味わいにワインが進む

おすすめのワイン

**クロニックセラーズ グラス
各 ¥900**
カルフォルニアのワイナリーから取り寄せためずらしいワイン。店の雰囲気にマッチしたラベルのデザインが目をひく

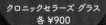

2 / 1

2 / 1

❝ 神戸のクラフトビールを
焼き鳥片手に飲み比べ ❞

3

❝ フレンチ×日本酒が新しい
米農家による日本酒バル ❞

3

HOP STAND
ホップスタンド

神戸の地ビール、六甲ビール工場から直送される新鮮な生ビールが6種類スタンバイ。ビールの原料であるホップを混ぜたスパイスがやみつきになる焼き鳥も人気。女性一人でもふらりと立ち寄れる明るくカジュアルな雰囲気気もうれしい。

トアロード ▶ MAP 付録 P.8 B-1

☎078-321-6656 休月曜 ⏰17:00～23:30(土曜は14:00～日曜、祝日は14:00～23:00) ♀中央区北長狭通2-9-5 🚃JR三ノ宮駅から徒歩6分 Ｐなし

1. ちょい呑みや2軒目使いにも最適 2. カウンターでは目の前で新鮮なビールがサーブされる 3. 主に淡路島の新鮮な若鶏を使用。焼き鳥1本￥198～

日本酒バル 米屋イナズマ
にほんしゅバルこめやイナズマ

米農家のオーナーが営む日本酒好き必見のバル。約50種類をそろえる日本酒はワイングラスで、さらに料理は旬の食材を使ったフレンチビストロという新鮮な組み合わせのスタイルを提案。アテになるメニューも豊富にそろい、とことん酒を堪能できる。

トアロード ▶ MAP 付録 P.8 B-1

☎078-332-3262 休無休 ⏰18:00～23:00 ♀中央区北長狭通3-10-1 KSビル1階 🚃JR元町駅から徒歩3分 Ｐなし

1. 営業中は地元客で常ににぎわう店内 2. 全国から集められた日本酒がずらり 3. オーダー率高し、シェフが腕をふるう前菜の盛り合わせ￥1,690(写真は2人前)

╲そのほかのMENU╱

鶏レバーの
カルパッチョ ￥660

新鮮な淡路産の若鶏のレバーを、低温調理でレバ刺し風に仕上げた一品

╲おすすめのビール╱

六甲ビール 飲み比べ
3種セット ￥1,540

定番の六甲ビール4種類と季節の限定ビール1、2種類の中から好きな3種類を選べる

╲そのほかのMENU╱

自家製ソーセージと
スモークベーコン ￥2,200

昔ながらの技法や調理にこだわった味わい深い料理が日本酒とも相性ぴったり

╲おすすめの日本酒╱

土楽果(ドラッカー)
グラス ￥780

オーナーが作った酒米を使い、酒蔵と一緒に生産したオリジナルの日本酒

COLUMN
Gyoza

地元っ子が愛する庶民派グルメ

神戸の餃子は味噌ダレで食す！
味噌の種類も店によってさまざま

地元っ子にはおなじみの味噌ダレで食べる神戸の餃子。
味噌の味わいはお店ごとに千差万別なので、食べ比べも楽しい！

味噌ダレ餃子の発祥店！
神戸牛がうまさの秘密

元祖ぎょうざ苑
（がんそぎょうざえん）

味噌ダレ餃子発祥店。モチモ
チの自家製の皮に、味わい
深い餡とコクある味噌が抜群。

南京町 ▶ **MAP** 付録 **P.13 C-2**
☎078-331-4096 🏠月曜（営業の場
合もあり） 🕐11:45～15:00、17:00
～20:30 📍中央区栄町通2-8-11
🚉JR元町駅から徒歩5分 🅿なし

ピーナッツ油で
焼き上げ
香りが最高！

焼餃子
（1人前6個）
¥495

豚肉、キャベツ、ニラが入った
餡に、神戸牛を調味料として餡
全体の9.1％と絶妙な割合でプ
ラス。秘伝の自家製味噌も絶妙。

何個でもペロリ！
あっさり小ぶりな餃子

赤萬 三宮店
（あかまんさんのみやてん）

メニューは餃子のみという一
品勝負の老舗店。水たっぷ
りの蒸し焼き仕上げが特徴。

三宮 ▶ **MAP** 付録 **P.8 B-2**
☎078-331-0831 🏠水曜
🕐14:00～20:00（土・日曜、祝日は
12:30～） 📍中央区北長狭通2-2-1
🚉JR三ノ宮駅から徒歩4分 🅿なし

餃子
（1人前7個）
¥350

独自配合の
合わせ味噌

特注の皮にニンニクとショウガ
を利かせたキャベツたっぷりの
餡を包んで。1人につき2人前
からオーダーが可能。

神戸ポークなどの
こだわり素材を使用

ギョーザ専門店イチロー
（ギョーザせんもんてんイチロー）

カウンターで気軽に餃子が楽
しめる店。皮はパリッ、中は
ジューシーな餃子が美味。

三宮 ▶ **MAP** 付録 **P.9 C-2**
☎078-334-1660 🏠水曜
🕐11:30～21:00 📍中央区三宮
町1-8 さんプラザB1階-47
🚉JR三ノ宮駅から徒歩3分 🅿なし

焼餃子
（1人前7個）
¥310

かつおだしで
整えた白味噌

肉汁のうまみが引き立つシンプ
ルな味わい。ニンニクの香りが
控えめで、女性も食べやすい
のがうれしい。

ほしいものあります

Shopping

ライフスタイル雑貨からステーショナリー、
おみやげにしたいスイーツまで
欲しいものがいっぱい。
お店でアレコレ選ぶ時間も楽しいね。

*Have a
nice shopping*

Rollo Antiques
ロロアンティークズ
>>P.92

Housewares

心ときめくアイテムを求めて

世界観たっぷりの**ライフスタイルショップ**

ディスプレイを見ているだけでも楽しいハイセンスな店をクルーズ。
日々の暮らしを彩るお気に入りのアイテムを見つけよう。

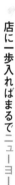

店に一歩入ればまるでニューヨーク♥

個性豊かなアイテムが並ぶディスプレイは見ているだけで楽しい

1. アメリカで独自に買い付けたここにしかないアイテムも扱う
2. 路地に面し、グリーンに囲まれた入り口がわくわくと好奇心を誘う　3. まるで海外を訪れたかのような雰囲気の店内

マリリン・モンローの
ジグソーパズル¥2,538

アンディ・ウォーホルのジャーナルセット¥1,814

C.O.BIGELOW
のボディウォッシュ
ボトル各¥3,300、
チューブ¥3,630

ROUGH&RAW
ラフアンドロー

新しいものと古いものが共存するニューヨークの街に魅せられた店主が、現地の空気感を店で再現。アートな雑貨やオーガニックのコスメなど、男女や年齢を問わずに使えるアイテムをそろえる。

トアロード ▶ **MAP** 付録 P 8 B-1
☎078-331-7170　休月曜(祝日の場合は翌日休)
⏰12:00～19:00　📍中央区北長狭通3-11-15 1階
🚃JR元町駅から徒歩5分　Ｐなし

1

暮らしのアイデアが広がる雑貨たち

トゥデイズスペシャル コウベ

ステーショナリーから食品、キッチンウエア、洋服など生活を彩るさまざまなアイテムがずらり。「食と暮らしのDIY」をコンセプトに、今日が特別になるようなモノやコトを発信している。

元町 ▶ **MAP** 付録 P.8 B-2

☎078-325-1780　㊟不定休
🕚11:00〜20:00　♀中央区三宮町3-6-1 神戸BAL 3階　🚶JR元町駅から徒歩5分
Ⓟなし

1. 海外のマーケットを思わせる店内
2. ファッションや雑貨などアイテムごとにコーナーが分かれている
3. 店内ではワークショップなどのイベントが行われることも

コーヒー缶¥2,200

マルシェバッグ
¥1,100

マイタンブラー
各¥2,200

Shopping
ライフスタイルショップ

フランジュール神戸
フランジュールこうべ

ビルの1階から3階に展開し、トータルで暮らしを提案。フランスを中心に、ヨーロッパからセレクトされたウエアや雑貨をそろえるほか、肌触りのよいオリジナルのタオルやリネンが並ぶ。

三宮 **MAP** 付録 P.8 B-3

☎078-325-2522　㊟不定休
🕚11:00〜19:00　♀中央区三宮町2-5-6 フランジュールビル1・2・3階
🚶JR三ノ宮駅から徒歩6分　Ⓟなし

ジベアドゥベ
クレアーション ドゥブュイ1993のローズデクベ ティーカップ¥22,000、ソーサー¥11,000

デコール（パリの情景）
バスタオル各¥4,950

ヨーロッパの上質なアイテムに囲まれて

1. 静かな時間が流れる心地のよい空間
2. 路地裏にある建物はまるでパリのアパルトマンのような佇まい
3. 普段使いはもちろん、ギフトにもぴったりなアイテムがたくさん

3

2

「フランジュール神戸」の3階には、ワークショップやイベントを行うカルチャーサロンも。

ほしいものあります

Pop Zakka

路地にステキなお店がたくさん

トアロードでポップな雑貨をハント

路地が入り組み、個性豊かなお店が並ぶトアロード界隈。
乙女心くすぐる雑貨を探しに、のんびり散策してみましょ。

" カラフル&キッチュな
世界観が楽しい "

まるで仕掛け絵本のようなビ
ビッドな色や柄であふれる店内
に、思わずワクワクしてしまう

Cute!!

グッピー
ポーチタイプ
¥5,720

mi-chu.

ミーチュ

ヨーロッパやアジアのリボン、作家
ものアクセサリーなど、世界中から
集められた雑貨が充実。カラフル
で個性的なものが並ぶ店内は見て
いるだけでも楽しい。

マトリョーシカ
ポーチ
¥1,800

キャンドル
ホルダー
¥2,400

トアロード ▶ MAP 付録 P.8 A-1

☎078-332-1102 ㈹水曜 ⏰13:00〜
19:00 📍中央区下山手通3-5-5 新安第
一ビル3階 🚃JR元町駅から徒歩6分
Ｐなし

トアロードMAP

市営地下鉄西神・山手線

鯉川筋

mi-chu.

SundayFishGirl

minima

ロクガツビル
BROOCH

阪神神戸高速線

JR 元町駅

JR神戸線

トアロード

BROOCH
ブローチ

作家ものやオリジナルなど豊富な
種類をそろえるブローチ専門店。
ブローチを生かすバッグやウエア
などのアイテムもそろう。

トアロード ▶ MAP 付録 P.8 B-2

☎078-335-8550 休水曜
🕐12:30～18:00 ♀中央区北長狭通
3-11-8 ロクロクツビル1階 🚉JR元町駅
から徒歩5分 🅿なし

ブローチばかりを集めた専門店

オリジナルブローチ（黒）
各¥880

オリジナルブローチ（金）
各¥660

buchi ブローチ
花 ¥1,760　リス ¥2,970

SundayFishGirl
サンデーフィッシュガール

店名の通り、自由にどこまでも泳
いでいく女の子をイメージした雑
貨店。アクセサリーやアパレルな
ど、ポップでかわいいものばかり。

トアロード ▶ MAP 付録 P.8 B-1

☎078-332-5210 休月から金曜（土・
日曜、祝日のみ営業）🕐12:30～17:00
♀中央区北長狭3-11-11 福一ビル1階北
🚉JR元町駅から徒歩3分
🅿なし

自由な発想のユニークデザイン

アクリルキーホルダー 各¥220
ぬいぐるみキーホルダー 各¥990

ハートバッチンピン ¥880
ベロアリボンヘアピン ¥660

お花イヤリング ¥900
リボンピアス ¥880

女の子のためのセレクトショップ

minima
ミニマ

オリジナルの洋服のほか、アクセ
サリーや小物をセレクト。かわい
いなかにもちょっぴりひねりの効い
たデザインにファンが多い。

トアロード ▶ MAP 付録 P.8 B-1

☎078-331-0780 休不定休 🕐12:30
～18:00 ♀中央区北長狭通3-12-8助定
ビル1階 🚉JR元町駅から徒歩5分
🅿なし

トアロード

Shopping

Retro Building

雑貨好きなら一度は訪れてみたい

栄町・海岸通でお買い物

古い雑居ビルやレトロビルのなかに、個性の光るお店がちらほら。
ふと立ち寄ったお店で、とっておきの出会いがあるかも。

66 長く愛用できるデザインの
暮らしを彩る雑貨がたくさん 99

1. 手仕事雑貨やキッチン雑貨が
並ぶ　2. BIRD'S WORDSのブ
ローチやヘアゴム¥2,200～
3. ゴムを使わないため、締め付け
ないヒムカシの靴下¥1,760～
4. トモタケのブローチ

4

ViVO,VA
ヴィヴォヴァ

栄町通のなかでも老舗的存在の雑貨店。
ワンフロアの広い店内に、作家ものの器や
キッチンアイテム、衣類、アクセサリー、
文具、書籍など幅広くセレクト。

栄町通　▶ MAP 付録 P.13 C-3

☎078-334-7225　🗓不定休
🕚11:00～19:30(水曜は～16:30)
📍中央区栄町通2-2-14 日栄ビル南館
🚉JR元町駅から徒歩5分　🅿なし

Yeah!

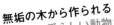

66 無垢の木から作られる
愛らしい動物たち 99

PoLeToKo
ポレトコ

ひとつひとつていねいに手作りされる「ぽれ
ぽれの動物」の店。丸みを帯びた愛らしい造
形や木ならではのぬくもりにほっこり。インテ
リアに馴染みやすいシックな色合いも素敵。

栄町　▶ MAP 付録 P.13 D-3

☎078-393-1877　🗓水曜　🕚11:00～18:30
📍中央区栄町通1-1-10　🚉JR元町駅から徒歩6分
🅿なし

2

3

1. 大小さまざまなサイズの動物がずらりと
並ぶ店内　2. おとぎの森のくま各¥1,100、
おとぎの森のちびくま各¥968　3. ぽれぽれ
動物バク、ひつじ、うさぎ各¥1,056

c-h-o-c
チョック
イギリスのおもちゃや絵本 ヴィンテージ食器が並ぶ

イギリスの蚤の市で買い付けたドールハウスのミニチュアや洋古書、シルバーアクセサリーなどを扱う。ヴィンテージのお皿なども豊富に揃う。

海岸通 ▶ MAP 付録 P.12 A-3
☎078-779-4619 休 火曜
🕐13:00～19:00
📍中央区海岸通4-3-17 清和ビル1階
🚉JR元町駅から徒歩10分
🅿なし

北欧雑貨と 暮らしの道具 lotta
ほくおうざっかとくらしのどうぐロッタ
憧れの北欧スタイルを さりげなく取り入れて

オーナー夫妻も実際に愛用中という厳選された器や雑貨が並ぶ。日本の手仕事と北欧デザインをミックスさせた独自のスタイルを発信。

栄町 ▶ MAP 付録 P.12 B-3
☎078-599-5355 休 水曜・不定休
🕐11:00～18:00 📍中央区栄町通3-1-11 乙仲アパートメント1階
🚉JR元町駅から徒歩3分 🅿なし

AMPLOP
アンプロップ
バリ島の職人さんの 手作りユニーク雑貨

インドネシア・バリ島の職人さん手作り雑貨をはじめ、エスニックな商品がずらり。アクセサリーやバッグなど、個性的なデザインが多い。

海岸通 ▶ MAP 付録 P.12 B-3
☎078-331-5666 休 無休
🕐12:00～18:00
📍中央区海岸通3-1-14 大島ビル1階
🚉JR元町駅から徒歩8分
🅿なし

1. 下段に並ぶのはドールハウス用のミニチュア家具 2. かわいいモチーフのシルバーチャーム各¥3,850～ 3. デッドストックの英国製ミニカー各¥3,080～

1. 国内作家の器や北欧で買い付けたヴィンテージ食器が並ぶ 2. レトロな柄が可愛いARABIA kirsikkaシリーズ¥12,100 3. クイストゴーのreliefシリーズ¥8,250

1. ユニークな雑貨がずらり 2. バリ島でお買い物バッグとして使われているバサールバッグ¥3,608 3. 動物や植物などの柄がかわいい巾着ポーチ各¥1,980

栄町・海岸通MAP

北欧雑貨と 暮らしの道具 lotta
←c-h-o-c
AMPLOP
ViVO,VA
PoLeToKo
栄町通
乙仲通
海岸通

栄町・海岸通

メインストリートの乙仲通沿いを中心に、カフェや雑貨店が軒を連ねている。

Shopping

毎日使いたくなる

神戸らしいステーショナリー

地元でロングセラーのノートや、神戸発ブランドなどの文房具が集結。
使うほどに愛着のわく、とっておきのアイテムを見つけよう。

Ⓐ A5ノート
各¥385

Ⓐ マスキングテープ
各¥440

Ⓐ ボルトレッティ社
ガラスペン
ギフトセット
¥7,150

Ⓒ グリーティングカード
¥550

Ⓒ Kobe INK物語
特別色
City Museum Gray
¥2,420

Ⓓ 神戸タータン
ピクーニャ
¥1,650

Ⓒ **神戸市立博物館
ミュージアムショップ**

こうべしりつはくぶつかん
ミュージアムショップ

コンセプトは「EAST meets WEST」。
異国文化との出会いを感じさせる、アカデ
ミックな限定品や展覧会図録、神戸グッズ
などが並ぶ。ショップへは入場料不要。

旧居留地 ▶ MAP 付録 P.8 B-4
☎078-515-6961
㊡月曜（施設に準ずる）　🕐9:30〜17:30
（金・土曜は〜19:30）　📍中央区京町24
🚉JR三ノ宮駅から徒歩10分　Ｐなし

Ⓑ **元町福芳商店**

もとまち
ふくよししょうてん

明治22（1889）年創業の老舗文具店。
神戸の小学生が使う学習帳「神戸ノー
ト」をはじめ、多彩なアイテムをそろえ
て地元で愛され続けている。

元町 ▶ MAP 付録 P.12 A-2
☎078-341-6242　㊡不定休
🕐10:00〜18:00　📍中央区元町通5-7-6
🚉JR元町駅から徒歩10分
Ｐなし

Ⓐ **NAGASAWA
神戸煉瓦倉庫店**

ナガサワ
こうべれんがそうこてん

デザイン文具や万年筆など豊富な種類
がそろう。まさにステーショナリーの宝
庫。神戸にまつわるオリジナルアイテム
も多く、おみやげ探しにもぴったり。

ハーバーランド ▶ MAP 付録 P.10 B-4
☎078-371-8130　㊡水曜
🕐11:00〜19:00　📍中央区東川崎町1-5-5
ハーバーランド煉瓦倉庫南棟
🚉JR神戸駅から徒歩7分　Ｐなし

cute post card

B ポストカード
1枚 ￥168

A テンプレート
KOBE
￥935

A テンプレート
KOBE
￥935

C KCM
ボールペン
各￥242

Picture book

nostalgic

B 学習帳
各￥220

A Kobe
INK物語
￥1,980

A レターセット
各￥407

A Kobe INK物語
×
グラフィーロ
A5ノート
￥880

神戸ポートタワー
オリジナル
ゼムクリップ
￥330

port tower clip

Stationery

Dictionary

C ノート
￥462

B KOBE
マスキング
テープ
各￥462

&MORE

神戸をイメージしたチェック柄、神戸タータン

神戸ロフト

「阿江ハンカチーフ」の
播州織ハンカチ ￥1,100

神戸開港150年記念に誕
生し、海のブルーや神戸
ポートタワーの赤など、
神戸らしい色で表現され
たチェック柄。神戸タータ
ンを使った雑貨にも注目
して。≫P.100

D 神戸ロフト
こうべロフト

日々の暮らしが楽しくなるような文具や
コスメ、日用品などを扱う生活雑貨の専
門店。神戸タータンのアイテムばかりを
集めたコーナーも設けている。

三宮 ▶ **MAP** 付録 P.9 C-2
☎078-272-6210 休 神戸阪急に準ずる
📍中央区小野柄通8-1-8 神戸阪急新館4階
🚃JR三ノ宮駅から徒歩3分
🅿660台(契約)

「NAGASAWA」の本店はJR三ノ宮駅から徒歩5分のジュンク堂書店三宮店3階にあり、200坪で展開している。

Lovely Parts

ハンドメイドしたくなる

ときめきの手芸&パーツ屋さん

人とはかぶらない、自分だけのおしゃれを楽しむのが神戸流。
旅の思い出に、お気に入りのパーツを選んでもの作りにトライしてみよう!

バラエティ豊かなパーツに宝探し気分でお買い物

1. チェーンや金具など、基本パーツもそろう　2. 女子心をくすぐるカラフルなパーツたち　3. ドイツやオランダ、フランスのビンテージリボン

オリジナルのアクセサリーも!

ヴィンテージの
チロリアンテープ
¥600〜/m
※20cmから購入可

チェコの
メタルボタンのリング
各¥880

Rollo Antiques
ロロアンティークス

海外のアンティークボタンやリボン、キッチュな色使いのビーズまで、豊富なパーツをそろえる手芸雑貨店。コーナーごとの素敵なディスプレイは、クラフト初心者でも見ているだけで楽しめる。

トアロード ▶ **MAP** 付録 P.8 B-1
☎078-334-2505　休不定休
⏰12:00〜18:00　♀中央区北長狭通3-11-9 野山ビル1階　🚃JR元町駅から徒歩5分　🅿なし

チェコガラスのボタンイヤリング
各¥1,980〜

フランスの
ボーンパーツ
各¥1,430

Voyageur
ボヤージュ

店内には壁一面に色とりどりのパーツが並び、好きなものを選んでアクセサリーのオーダーが可能。トレンドをおさえたプチプライスのアクセサリーも販売する。

海岸通 ▶ **MAP** 付録 P.13 C-3

☎078-391-0251
休 不定休
🕐 11:30〜19:30
📍中央区海岸通2-4-14アルミナムビル1階
🚶 JR元町駅から徒歩6分 Ｐなし

理想のデザインに出会える
アクセサリーショップ

1. まるで海外のアトリエのような雰囲気の広い店内
2. めずらしい色やデザインのパーツがたくさん
3. リボンやレースも豊富にあり、創作意欲を刺激する

アクセには素敵な巾着袋が付くよ♡

Shopping

手芸＆パーツ屋さん

かわいいアクセもいっぱい

ピアス
¥3,960

ピアス
¥3,960

ネックレス
¥3,960

step 1
好きなパーツを選ぶ
イメージを店員に相談しながら、好みのパーツをチョイス

LET'S TRY!

FINISH!

Choki Choki!

step 2
フリンジリボンをカット
フリンジリボンをアレンジして使用。必要な量をカット

step 3
パールにピンをセット
慣れた手つきで次々とパーツを組み立てていってくれる

step 4
パーツを組み合わせて仕上げに
長さやバランスなど細かく調整してもらえるので満足のいく仕上がりに

あなただけのピアスが完成
制作時間は約10分、予算¥1,980でタッセルピアスが完成！

93
「Voyageur」は近くに2号店、三宮店、ブライダル店の3店舗がある。

Sweets

喜ばれること間違いなし!

殿堂入り!神戸発祥スイーツ

全国的に有名な洋菓子店の本店が多く集まる神戸。
昔から人気のスイーツは、おみやげに喜ばれること間違いなし

世代を超えて愛される神戸みやげの超定番

「ゴーフル」
¥1,080(8枚)、
¥1,620(12枚)、¥2,700(21枚)
昭和2(1927)年に誕生。生地のサクサク食感が特徴。サンドしたクリームは口どけなめらか

神戸凬月堂 元町本店

こうべふうげつどうもとまちほんてん

ゴーフルをはじめとした洋菓子を数多く販売し、日常使いのお菓子からギフト商品まで幅広く取り揃える。本店限定の生感覚ゴーフル「ゴーフニャ」は数量限定の人気商品。 ▶▶ P.38

HISTORY
創業120 余年の神戸凬月堂は、今の本店と同じ場所で開店。ゴーフルをはじめ、神戸ぷっせなどもおみやげとして人気。
Since 明治30(1897)年

神戸らしいパッケージも!

「神戸六景ミニゴーフル」
各¥486

モロゾフ神戸本店

モロゾフこうべほんてん

昭和37(1962)年の誕生以来人気のカスタードプリンは、ガラス容器の可愛さも含めてファンが多い。ほか、クッキーやチーズケーキなどもおみやげに人気。 ▶▶ P.38

HISTORY
チョコレートショップとして創業し、日本で初めて「バレンタインデーにチョコレートを贈る」というスタイルを紹介した。
Since 昭和6(1931)年

なめらか食感で美味 容器も人気の秘密 ♡

「カスタードプリン」
¥357(170g)
卵の力で固めたやさしい味わいが魅力。ガラス容器はモロゾフのプリンの代名詞になっている

トロトロ新食感のチーズケーキ

「デンマーク チーズケーキ」
¥400(1個)、
¥2,400(6個)
オーブントースターで焼くと、とろ〜りとしたチーズがスポンジにからんで美味！

観音屋 元町本店
かんのんやもとまちほんてん

芳醇な香りのチーズケーキやチーズ料理が楽しめる店。デンマーク産のチーズを使った名物のチーズケーキは、チーズとスポンジの二重奏が楽しめる。

元町 ▶MAP付録 P.13C-2
☎078-391-1710 休無休 ⏰10:30〜21:00
📍中央区元町通3-9-23 🚶JR元町駅から徒歩3分 Pなし

HISTORY
ヨーロッパアンティーク調のレトロな店内には、「お客様に幸せが訪れますように」という思いを込め、観音様が鎮座している。
Since 昭和50(1975)年

モンロワール 元町店
モンロワールもとまちてん

日本の風土、味覚に合わせたチョコレート作りに定評あり。トリュフや生チョコなどのチョコレートのほか、焼き菓子やアイスクリーム（夏期のみ）なども販売。

元町 ▶MAP付録 P.8B-3
☎0120-232-747 休無休 ⏰10:30〜19:30
📍中央区三宮町3-1-3 🚶JR元町駅から徒歩5分 Pなし

HISTORY
神戸市東灘区の岡本にオープンしたチョコレートハウスからスタート。メイドインジャパンチョコレートの草分け的存在。
Since 昭和63(1988)年

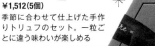

「トリュフのコフレ」
¥1,512(5個)
季節に合わせて仕上げた手作りトリュフのセット。一粒ごとに違う味わいが楽しめる

まるで宝石のように輝く贅沢なチョコレート

Shopping

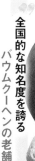

神戸発祥スイーツ

全国的な知名度を誇るバウムクーヘンの老舗

「アッフェルバウム」
¥2,592(1個)
シロップに漬け込んだ国産りんごを、丸ごとバウムクーヘンで包んで焼きあげた本店限定商品

ユーハイム 神戸元町本店
ユーハイムこうべもとまちほんてん

バウムクーヘンを日本に広めた歴史のある名店で、2022年に日本創業100周年を迎えた。本店の限定の「手焼きバウム」や「アッフェルバウム」は要チェック。

▶▶P.39

HISTORY
ドイツ出身のカール・ユーハイムが創業。1919年に日本で初めてバウムクーヘンを焼き、1923年に神戸で1号店をオープン。
Since 明治42(1909)年

どれにしようか
まよっちゃう!

Sweets

かわいい見た目にひとめぼれ♪

センスが光る**スイーツみやげ**

ついついジャケ買いしちゃうほどかわいいスイーツたち。
もちろん味も保証付き。旅の思い出に買いたい指名アイテムをご紹介。

APPLE +
CHOCOLATE

B ボーム・ダムール
スケルトン（プレーン）
¥1,458

B ボーム・ダムール
スケルトン（紅茶）
¥1,512

LEMON
CAKE

D LE PAN
SABLE VARIE
¥3,240

D 瀬戸内レモンケーキ
神戸開港150年缶
6個入り ¥2,484

A スーベニール
神戸北野限定缶
¥1,296

C トゥース神戸サブレ8
¥1,728

C

お菓子作りの情熱が詰まった
オリジナリティあふれるお菓子

旬の素材を使った生菓子はもちろん、焼き菓
子にもファンが多い。斬新な味の組み合わせ
やおしゃれなデザインでギフトにぴったり。

**PATISSERIE
TOOTH TOOTH 本店**

パティスリートゥーストゥースほんてん

» P.35

B

リンゴのケースに入った
甘酸っぱいリンゴ×チョコ

世界中からセレクトしたチョコレートをは
じめ、オリジナルチョコレート80種類を
取りそろえる専門店。

神戸元町一番館

こうべもとまちいちばんかん

元町 ▶ MAP 付録 P.13 D-2
☎078-391-3138　🈺水曜
🕙10:00〜18:30
📍中央区元町通1-8-5
🚃JR元町駅から徒歩4分　🅿なし

A

イタリア発チョコレート
ブランドのデザイン缶

イタリア・トリノの老舗チョコレートブラン
ド。多彩なデザインで人気のあるカファ
レル缶はコレクターもいる人気ぶり。

カファレル 神戸北野本店

カファレルこうべきたのほんてん

北野 ▶ MAP 付録 P.6 A-3
☎078-262-7850　🈺火曜(12〜3月は年末年始
を除き無休)　🕙11:00〜19:00(イートインは〜
17:00)　📍中央区山本通3-7-29 神戸トアロー
ドビル1階　🚃JR元町駅から徒歩15分　🅿なし

F
〔 北野発！食感にこだわった
たっぷり卵の濃厚プリン 〕

卵をたっぷり使った濃厚な味わいのカスタードプリン。別添のカラメルソースを好みで後がけ。常温OKなのでおみやげに最適。

風見鶏本舗
かざみどりほんぽ

北野 ▶ **MAP** 付録 P.6 B-2
☎078-231-7656　休無休
🕙10:00～17:00　📍中央区北野町3-5-5
🚃JR三ノ宮駅から徒歩15分　Ｐなし

E
〔 厳選された素材と職人技が光る
神戸生まれのプレミアムスイーツ 〕

独自のレシピで調合したなめらかなカスタードとビターな自家製カラメル、クリームが口の中でとろりと絡まる。素焼き壺も特徴。

神戸フランツ 三宮店
こうべフランツさんのみやてん

三宮 ▶ **MAP** 付録 P.9 C-2
☎078-391-3577　休不定休（さんちかの休日に準ずる）🕙10:00～20:00　📍中央区三宮町1-10-1　🚃JR三ノ宮駅から徒歩5分　Ｐなし

D
〔 オリジナル缶に詰め込まれた
ホテルメイド菓子 〕

海辺のラグジュアリーホテル「ホテル ラ・スイート神戸ハーバーランド」直営のスイーツ＆ベーカリー。口福なホテルメイドの焼き菓子。

ル・パン神戸北野 本店
ル・パンこうべきたのほんてん

北野 ▶ **MAP** 付録 P.6 B-3
☎078-251-3800　休無休
🕙8:00～19:00　📍中央区山本通2-7-4
🚃JR三ノ宮駅から徒歩10分　Ｐなし

KAZAMIDORI - PUDDING

F 風見鶏カスタードプリン 4個入り¥990

E 神戸魔法の壺プリン ¥398

TSUBO - PUDDING

H クッキー缶 ¥3,758

COOKIE

COOKIE

G オリジナルクッキー缶 ¥3,240

H
〔 名店のパティシエによる
至福のクッキー缶 〕

神戸のデセールの名店は、テイクアウトの焼き菓子も豊富。特に人気のクッキー缶は、月2回の販売を待ちわびるファンも多い。

CAKE STAND
ケイクスタンド

≫ **P.37**

G
〔 やさしい甘さの
可憐な焼菓子 〕

人気のカフェが金・土・日曜のみオープンする洋菓子販売の店。カラフルで手の込んだ手作り焼き菓子やフィナンシェなどを販売。

アノヒアノトキ

県庁前 ▶ **MAP** 付録 P.4 A-2
☎078-381-6676
休月～木曜　🕙10:00～17:00
📍中央区再度筋12-6 グラディード神戸Ⅰ
🚃地下鉄県庁前駅から徒歩10分　Ｐなし

Shopping

スイーツみやげ

神戸にはショコラティエや焼き菓子などさまざまな専門店があり、ショップクルーズも楽しい。

Kobe Taste
こだわりの味をお持ち帰り

神戸の愛され食卓みやげ

神戸で見つけたごはんや、お酒との相性バツグンのおいしいおみやげをご紹介。
グルメな人からも喜ばれること間違いなし!

神戸ビーフ(20g) ¥1,900 B
但馬玄(20g) ¥1,600 B
神戸ポーク(20g) ¥950 B
原材料は肉と塩のみで、肉本来の旨みがたっぷり。
独自製法のクラフトジャーキー

神戸牛のグリル缶詰
¥1,680 B
グリルした肉厚の神戸牛を缶詰に閉じ込め、
噛み応えと、ジューシーさを堪能できる一品

おつまみにも
GOOD
とっておき
グルメ

神戸牛コンビーフ(150g) 冷凍
¥2,580 C
厳選した神戸牛のモモ肉の旨味を、こだわりの
製法で余すことなく閉じ込めたコンビーフの常識
を覆す逸品。パンにのせたりワインと一緒に

チーズパティ
¥1,080 A
そのままでも焼いて
もおいしいパティは、
多彩なラインナップ

プチハムセット
¥1,026 A
ロースハムとボロニア、
フレンチの3種の味が
楽しめるセット

トアロードデリカテッセンの
スモークサーモン 要冷蔵
¥1,134 A
脂ののった鮭を冷燻法によりしっとり
仕上げたスモークサーモンは、舌の上
でとろけるような食感

98

Shopping

食卓みやげ

A

食材のうまみが
ギュッと詰まったデリ
トアロードデリカテッセン

【トアロード】▶MAP 付録 P.8 B-2

☎078-331-6535
休水曜（カフェは12月は休業）
🕙10:00～18:30（カフェは11:00～15:00）　♥中央区北長狭通2-6-5
🚉JR三ノ宮駅から徒歩8分
Ｐなし

B

精肉店ならではの
豪快さがキラリ
NICK 中山手本店

ニックなかやまてほんてん

【北野】▶MAP 付録 P.6 A-4

☎078-262-1147　休無休
🕙11:00～22:00（イートインは～21:00、水曜は～19:00）　♥中央区中山手通3-10-12　🚉JR三ノ宮駅から徒歩10分　Ｐなし

C

和牛を知り尽くした
肉の名店
神戸菊水 三宮店

こうべきくすいさんのみやてん

【三宮】▶MAP 付録 P.9 C-1

☎078-392-1770　休不定休
🕙10:00～21:00（日曜、祝日は～20:30）　♥中央区北長狭通1-20-13キングストンビル1階
🚉JR三ノ宮駅からすぐ　Ｐなし

D

明治4(1871)年創業の
老舗和牛専門店
大井肉店 本店

おおいにくてんほんてん

【西元町】▶MAP 付録 P.10 A-2

☎078-351-1011　休無休
🕙10:00～18:30（日曜は～17:00）　♥中央区元町通7-2-5
🚉JR神戸駅から徒歩5分　Ｐ5台

E

大正12(1923)年創業の
神戸発ソースの名門
オリバーソース

☎0120-749-053（総合受付）

**老舗牛肉店の
ビーフカレー（200g）**
¥698　D
黒毛和牛と香味野菜をたっぷり使用。老舗牛肉店のカレーをおうちで気軽に味わおう

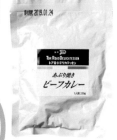

あぶり焼きビーフカレー
¥724　A
牛肉をあぶり焼きにして旨みを閉じ込めたカレー。常温OK！

箸がとまらない♪
ごはんの
おども

**神戸ビーフの
カレー缶詰**
¥1,380　B
神戸牛の牛すじをスパイスなどと煮込んでじっくり熟成。ライスやパンと相性抜群

delicious

**特製オリジナル
生ドレッシング（150㎖）**
¥658　A
オリーブオイルを使ったレモンの風味とコクのあるドレッシング。野菜やスモークサーモンのうまみが際立つ

**神戸餃子味噌たれ
（230㎖）**
¥486　E
味噌とごまをたっぷり使ってまろやかに仕上げた、神戸名物の味噌ベースの餃子のたれ

いつもの食事を
アップグレード
調味料

COLUMN
Hyogo Things

神戸ならではのアイテムを探して

欲しいのは、神戸タータン
神戸らしいチェック柄がかわいい

神戸のイメージカラーで表現された"神戸タータン"を
使ったアイテムは、神戸みやげにぴったり!

神戸オリジナルのスヌーピーが話題!
Peanuts LIFE&TIMES
ピーナッツ ライフ&タイムズ

神戸阪急の本館5階にある、「ピーナッツ」をテーマにしたライフスタイルショップ。神戸タータンを使ったぬいぐるみや神戸の情景と描かれたスヌーピーなど、神戸の企業とコラボしたオリジナルが人気。

■三宮 ▶MAP 付録 P.9 C-2
☎078-221-4181(神戸阪急) 休神戸阪急に準ずる ♀中央区小野柄通8-1-8 ♥JR三ノ宮駅から徒歩3分 ◗契約駐車場あり

KOBE TARTAN

1

使うほどに愛着が湧く
神戸元町発のレザーブランド

STUDIO KIICHI
スタジオキイチ

国産の牛革を兵庫県内で加工・縫製する革小物は、手に馴染むやわらかさが特徴。オーナー兼デザイナーの片山さんは神戸タータン協議会副会長なので、神戸タータンのオリジナル商品が豊富。

■西元町 ▶MAP 付録 P.10 B-2
☎078-381-6786 休水曜 ⏰11:00～19:00 ♀中央区元町通6-7-3 ♥阪神西元町駅からすぐ ◗なし

神戸タータン×
神戸モチーフバッチの
ガチャガチャ

店先のガチャガチャでは、神戸タータン生地に神戸をイメージした刺繍入りの缶バッチが手に入る。1回500円

1. キッチン雑貨などのインテリアからファッション雑貨まで幅広いラインナップ
2. ぬいぐるみ¥3,300、マスコット¥1,980 耳裏のさりげない神戸タータンが素敵
3. 神戸発ブランドの「ウミキリン」とコラボしたコンビニバッグ¥1,870

1. 革製品はもちろん、布製品やアクリル製品などバラエティー豊か
2. 革 長財布 ¥19,800。内生地とファスナーの引手部分が神戸タータン
3. 播州織バンダナ¥1,430は首や頭、カバンに巻いてもいいアクセントになる
4. イニシャルキーホルダー各¥550。アクリル製のキーホルダーで贈り物にも

日常を離れて感動体験を

Experience

ロマンチックな夜景観賞やクルーズ体験など、
楽しいアクティビティが旅の大切な思い出に。
欲ばりに楽しんじゃいましょう。

Enjoy
new
experience!

神戸市立王子動物園
こうべしりつおうじどうぶつえん
≫P.108

神戸のナイトビューを山上から

View Spots

きらめく**1000万ドル**の夜景を満喫

日本三大夜景のひとつともいわれる摩耶山のほかにも、
繁華街や港など、神戸らしいロマンチックな夜景を見に行こう。

オススメView Spot
山頂近くの展望広場
掬星台（きくせいだい）

バス・ケーブル・ロープウェイでのACCESS

星の駅
↑
摩耶ロープウェー乗車で約5分
↑
虹の駅
↑
摩耶ケーブル乗車で約5分
↑
摩耶ケーブル駅
↑
市バス18系統乗車で約22分
↑
三宮駅前

車でのACCESS

摩耶山掬星台
↑
奥摩耶ドライブウェイ
↑
六甲山牧場
↑
西六甲ドライブウェイ
↑
丁字ヶ辻
↑
表六甲ドライブウェイ
↑
各線三宮駅周辺
↑
国道2号～県道95号～

※待ち時間は含まない
※摩耶ケーブル、摩耶ロープウェーは火曜休（祝日の場合は翌日休）、
　点検等により運休の場合あり。平日は運行時間が短いので要注意
まやビューライン星の駅 ☎078-861-2998

摩耶山
MAP 付録 P.2 A-2
まやさん

幻想的な光に包まれて
摩耶山にある掬星台からの夜景
は、日本三大夜景のひとつともい
われ阪神間に広がる壮大な夜景
が望める。紀伊や河内、淡路な
ど8か国を見渡せたことから「八
州嶺」と呼ばれた眺望の名所。
1000万ドルと称される夜景を求
めて多くの人たちが訪れる。

&MORE

天の川の光に
導かれて

摩耶★きらきら小径
まやきらきらこみち

ロープウェイ終点の「星の駅」から
天の川のように延びる幻想的な小
道。日中に紫外線を浴びた蓄光石
が、夜になるときらきらと光り出し
ロマンチックな雰囲気に包まれる。

他にもある
ナイトビュー

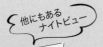

街なか夜景SPOT

街夜景を間近で鑑賞

神戸市本庁舎1号館
24階展望ロビー
こうべしほんちょうしゃいちごうかん
にじゅうよんかいてんぼうロビー

地上30階、高さ約132mの市庁
舎24階にある展望ロビー。ポー
トアイランドやハーバーラン
ド、神戸市街の夜景が見渡せる。

三宮 ▶MAP 付録 P.9 C-4

☎078-333-3330
(神戸市総合コールセンター)
🈺12月29日〜1月3日(設備点検日
1日あり) 🕐9:00〜22:00(土・日
曜、祝日は10:00〜) 📍中央区加
納町6-5-1 🚃JR三ノ宮駅から徒
歩6分 🅿なし

山頂パノラマビュー

山の上からパノラマビュー

六甲山
ろっこうさん

大小の山々を含む六甲山。山
上から見る広大な街の夜景はま
るで宝石箱のような美しさで、
遠く大阪湾まで見渡せる。
▶P.114

TOTAL
30min

BEST TIME
日没後すぐ

季節に合わせて
時間を調節

春・秋は18時、夏は19時、冬
は17時を過ぎたくらいがいちば
んきれいに見える。

事前に確認！

ロープウェイの最終時間は

ビュースポットで
ひと休み

摩耶ビューテラス702
まやビューテラスナナマルニ

星の駅2階にある山頂カフェ。
カレーライスやスイーツ、ア
ルコールなどを提供。カウン
ターからの絶景も人気。

摩耶 ▶MAP 付録 P.2 A-2

☎078-806-3051 🈺火曜
🕐11:00〜17:00(金・土・日曜、
祝日、夏期は〜20:30)
📍灘区摩耶山町2-2(摩耶ロー
プウェー星の駅)

蓄光石はその名の通り光を蓄えて輝くので、昼間の天気によって夜の光具合も変わる。

Experience

1000万ドルの夜景

Cruising

船上からランドマークを一望

海上さんぽへ！

神戸港お手軽クルージング

港町をもっと楽しむならクルーズ体験がおすすめ。
神戸観光の記念に潮風を感じながら優雅な時間を過ごそう。

海の上でくつろぐ絶景リゾートクルーズ

©2023 HAYAKOMA UNYU Co.,Ltd

船内には楽しみがいっぱい！
愛犬といっしょに乗船もできる

神戸空港に離着陸する飛行機を間近に見ることが可能

神戸リゾートクルーズ
boh boh KOBE号

こうべリゾートクルーズボーボーコーベごう

神戸港を周遊しながら、海の資源を活用したタラソセラピーが体験できる観光船。飛行機の離発着を間近に見られ、京都のミシュラン一つ星獲得の料亭監修の「神戸食」が味わえるのも魅力。愛犬とも一緒に乗船できる。

ベイエリア ▶ MAP 付録 P.10 B-3

☎0120-370-764（神戸シーバス）　休不定休（ドック、期間運休あり）　♪JR神戸駅から徒歩13分

運航 information

出航時間	11:00〜12:00※／13:00〜14:00／15:00〜16:00／17:00〜18:00※／18:30〜20:00※　※は臨時便
乗船料	1800円
発着場所	中央突堤中央ターミナル「かもめりあ」前5番のりば

“ 船上で見る特別な夕陽と夜景 ”

THE KOBE CRUISE
コンチェルト
ザコウベクルーズコンチェルト

船内で調理されるできたての料理を堪能しながら、海・山・街と三拍子そろった神戸の風景を堪能できるクルーズ船。船内では生演奏も楽しめ、優雅な雰囲気を味わえる。

ベイエリア ▶ MAP 付録 P.10 B-4

📞050-5050-0962(10:00～19:00／コンチェルト予約センター) 🏠不定休 🚶JR神戸駅から徒歩10分

※写真はイメージ

運航 information

	ランチクルーズ	ティークルーズ	トワイライトクルーズ	ナイトクルーズ
出航時間	12:00～14:00	14:30～16:00	17:15～19:00 10～3月は16:30～18:15	19:30～21:15 10～3月は19:15～21:00
乗船料＋食事代	8700円～	4200円ほか	1万2500円～	1万2500円～
発着場所	神戸ハーバーランド(umieモザイク前)			

※飲食代は別途必要、いずれも要予約

1. ミュージシャンによる生演奏を毎便で実施　2. 目の前で迫力たっぷりに調理する鉄板焼コース

御座船 安宅丸
ござぶねあたけまる

江戸時代に徳川家光の命により造られた「安宅丸」をモチーフにして作られた船。木をふんだんに使い、幕や暖簾を配した特徴あるデザインは、水戸岡鋭治監修による。1階にはBarがあり、ドリンクやフードが注文できる。

ベイエリア ▶ MAP 付録 P.10 B-3

📞078-360-0039(神戸ベイクルーズ) 🏠不定休(ドック、期間運休あり。HPで確認を) 🚶JR神戸駅から徒歩13分

運航 information

出航時間	10:15～16:15の毎時15分発(※13:15はなし)
乗船料	45分1500円
発着場所	中央突堤中央ターミナル3番のりば

“ 和情緒たっぷりの豪華客船で優雅な海遊絵巻の世界へ ”

1. スタイリッシュな2階貴賓の間。窓に徳川家の御紋も
2. 朱色や金色が豪華な1階の御座の間。天井絵も美しい

“ 関西最大級の遊覧船で神戸港＆大阪湾を周遊 ”

運航 information

出航時間	10:45～16:45の毎時45分発(※12:45発はなし)
乗船料	1500円
発着場所	中突堤中央ターミナル1番乗り場

神戸港周遊
ロイヤルプリンセス
こうべこうしゅうゆう ロイヤルプリンセス

遊覧船とは思えないゆったり広々とした造りの船で神戸港、大阪湾を40分周遊。3階スカイデッキより真紅の神戸大橋を真下から見ることができる。

ベイエリア ▶ MAP 付録 P.11 C-3

📞078-360-0039(神戸ベイクルーズ) 🏠不定休(点検・整備による運休あり) 🚶JR神戸駅から徒歩13分

ほかにも、関西最大級の遊覧船や神戸港で唯一の帆船型遊覧船などもある。

Experience

クルージング

Herbs

ロープウェイに乗って♪

標高400mの山上にある神戸布引ハーブ園へ

ロープウェイで約10分間の空中散策。そして、到達するのは12のテーマガーデンがある
日本最大級のハーブガーデン。高台からは神戸ならではの大パノラマが広がり感動的！

1. ラグジュアリーな2Fカフェラウンジ
2. ドイツの古城をモチーフにした空間とウェルカムガーデン
3. ロープウェイでハーブ園へアクセス。約10分間の空中散歩
4. 開放感あふれる1Fテラス
5. 神戸・京阪神の美しい夜景を一望できる

神戸布引ハーブ園／ロープウェイ
こうべぬのびきハーブえんロープウェイ

神戸の街並みを眺めるロープウェイで標高約400mの山頂へ。そこは約200種7万5000株のハーブや花が四季折々に咲き誇るハーブ園。レストランや屋外マルシェでランチを楽しんだり、「ザ・ヴェランダ神戸」のテラスやカフェラウンジでスイーツを味わったり、園内各所にあるハンモックで寛いだり、とリゾート気分を堪能できる。

北野　▶MAP 付録 P.5 C-1

☎078-271-1160　🗓無休（ロープウェイ設備点検などの為、9月に約5日間、2月に約3週間の運休・休園を予定）　🕐9:30～16:45（土・日曜、祝日は～20:15）※季節により異なる、時間はロープウェイ上り時刻　💴1800円（ロープウェイ乗車＋ハーブ園入園）※2024年4月1日より料金改定　📍中央区北野町1-4-3　🚋地下鉄新神戸駅から徒歩5分、神戸布引ロープウェイで10分、ハーブ園山頂駅下車すぐ　🅿なし

Let's try it!
Garden Snap!

A.H. 季節の花々が咲き誇るハーブガーデンでは、季節によりハーブガイドによるツアーもある　B. 園内の至る所にハンモックが　C. 心地よい風を感じるテラス　D. 窓の向こうには神戸らしい景色が広がる　E. レストラン「ザ・ハーブダイニング」のエディブルフラワーを使った見た目も美しい料理　F. バンズにハーブを練り込んだ布引ハーブバーガー¥1,050　G. 見た目もかわいいスイーツ、サヴァラン¥950〜

&MORE

おみやげにしたい
オリジナルグッズを

ルームスプレー
¥1,620
ハーブの香りを空間や
ファブリックにひと吹き
して気分一新

ハンドクリーム　各 ¥1,890
しっとりなじむクリームで手肌に
うるおいとハーブの香りをプラス

ハーブティー　各¥860
リラックスやビューティーなど、
全6種。香りと味で心身を満たせる

Experience

神戸布引ハーブ園

ナイター営業時には、森の中を光と音楽で演出する日没後のイベント、光の森〜Forest of Illuminations〜を開催。

Cute Animal

かわいいコアラも!

神戸っ子に愛される王子動物園

神戸中心部から一足延ばせば、かわいい動物にふれあえるスポットも。
王道の動物園から話題の水族館まで、癒やしの休日を。

コアラ

木にしがみついている
姿がキュート。毎日13
時からのお食事タイム
を見逃さないで。

ドイツからきたアムールトラの
「レーニャ」

カピバラ

げっ歯類最大の動物。いつもぼーっと眠そ
うな表情だけど、実は泳ぎ上手で、水中で
は5分間もぐり続けることもできる。

神戸市立王子動物園
こうべしりつおうじどうぶつえん

コアラやキリンなど約120種700点の動物
を飼育展示。動物たちのお食事タイムや
動物と遊べる「ふれあい広場」など、子ど
もから大人まで楽しめるイベントもたくさん。

王子公園 ▶ MAP 付録 P.5 C-2

☎078-861-5624 休水曜(祝日の場合は開園)
⏰9:00～17:00(11～2月は～16:30) ¥600円
📍灘区王子町3-1 🚃阪急王子公園駅から徒歩3
分 🅿390台

アジアゾウ

体重が5トンを超えることも。
号令に合わせて足を上げたり
座ったりするゾウのトレーニン
グタイムは迫力満点!

【トレーニングタイム】
毎日14:30ごろ～

KOBE OJI ZOO

Let's Go!!

神戸どうぶつ王国
こうべどうぶつおうこく

神戸ポートアイランドにある都市型動物園。たくさんの愛らしい動物たちと距離感ゼロでふれあえるのが魅力。王国でいちばん人気のバードパフォーマンス「Wings」は必見！

ポートアイランド ▶ **MAP** 付録 P.2 A-4

☎078-302-8899
休木曜（時期により変更あり、要問合せ）
🕙10:00～17:00
¥2200円 📍中央区港島南町7-1-9
🚃ポートライナー計算科学センター駅からすぐ　🅿850台（変動する可能性あり）

オルカスタディアム
西日本で唯一となるシャチのパフォーマンスを実施。デジタルツールを駆使した、世界初のシャチの教育ゾーン「オルカラボ」を併設。

アクアライブ
1～3階は魚類展示エリア、3・4階は海獣・ペンギン展示エリアで、多彩なエリアを自由に行き来しながら楽しめる。

シャチを見ながら食事ができる「オルカレストラン」

1.鳥たちの優雅なフライトを間近で見ることができる、バードパフォーマンス「Wings」
2.ワオキツネザルにスタッフが給餌しながら説明する、ワオワオトークなどイベントもいっぱい

KIRA☆
ハシビロコウ
じっと動かないことで有名なイケメンな鳥。飛ぶ姿が見られたら幸運！

2024年6月OPEN!（予定）

神戸須磨シーワールド
こうべすまシーワールド

須磨海浜公園エリアに新たに大型水族館がグランドオープン！いちばんの目玉となるシャチの展示をはじめ、見ごたえある水槽が大充実。ホテルやレストランも併設され、今神戸で一番注目のスポット。

須磨 ▶ **MAP** 付録 P.2 B-4

📅未定 休未定 ¥3100円、小人・幼児（4歳～中学生）1800円（予定） 📍須磨区若宮町1-3-5 🚃JR須磨海浜公園駅から徒歩5分

&MORE
周辺施設にも注目！
神戸須磨シーワールドホテル
こうべすまシーワールドホテル
神戸須磨シーワールドのオフィシャルホテル。水槽付きのプレミアムルームや宿泊者限定のイベントなども実施予定。

Experience

王子動物園

109 神戸須磨シーワールドのある須磨海浜公園内には、レストランやカフェなどが集まるにぎわい施設も。

温泉地らしい風情ある街並みが続く

風流な「ねね橋」で
記念撮影を

炭酸せんべいは
マストおみやげ！

♨ Arima［有馬］

Go to
Suburb 01

日本三名泉のひとつ

有馬温泉さんぽ

温泉あり、グルメあり、緑ありの関西を代表する温泉地「有馬温泉」。
歴史ある温泉街で日頃の疲れをリフレッシュしましょ。

写真は竹をイメージした
男湯「一の湯」

金泉を気軽に楽しめる

有馬本温泉 金の湯 ありまほんおんせんきんのゆ

有馬温泉名物、金泉の外湯。浴場は2つあり男湯の「一の
湯」は有馬伝統工芸である竹を、女湯の「二の湯」は瑞宝
寺公園の紅葉をイメージ。

有馬温泉 ▶MAP 付録 P.14 A-4

☎078-904-0680 休第2・4火曜（祝日の場合は翌日休）⏰8:00～22:00（入館は～21:30）¥800円（平日は650円）
📍北区有馬町833 🚃神戸電鉄有馬温泉駅から徒歩5分 Ｐなし

大浴場は岩風呂を
モチーフにしている

肌にやさしい立ち寄り湯

有馬温泉 銀の湯 ありまおんせんぎんのゆ

有馬の炭酸泉、ラジウム泉を利用。落ち着いた和風
のたたずまいで、大浴場は秀吉が入ったといわれる
岩風呂をイメージ。

有馬温泉 ▶MAP 付録 P.14 A-4

☎078-904-0256 休第1・3火曜（祝日の場合は翌日休）⏰9:00
～21:00（入館は～20:30）¥700円（平日は550円）📍北区有馬
町1039-1 🚃神戸電鉄有馬温泉駅から徒歩10分 Ｐなし

有馬せんべい本舗●
有馬本温泉
金の湯
神戸電鉄
有馬線
有馬温泉駅
吉高屋●
ねね橋
MITSUMORI
CAFE
有馬玩具博物館●
念仏寺
くつろぎ家●
灰吹屋
西田筆店
太閤の
湯殿館
有馬温泉
銀の湯

ACCESS

電車	バス
地下鉄三宮駅 ↓ 神戸市営地下鉄西神・山手線／北神急行 谷上駅 ↓ 神戸電鉄有馬線 有馬温泉駅 30分 690円	［直通バス］三宮から30分780円、大阪から1時間1400円、宝塚から1時間620円
	車
	阪神高速有馬口出口から有馬中心部へ約2km

ℹ 問い合わせ 有馬温泉観光総合案内所
☎078-904-0708

110

いっぷくコース・くつろぎ釜飯 ¥1,700
鯛、鮭、タコ、山菜が入っている

具だくさんの釜飯専門店
くつろぎ家
くつろぎや

淡路島周辺の新鮮な海の幸や山の幸を使った釜飯が人気。注文後に生米から炊くため熱々の炊き立てが食べられる。

有馬温泉 ▶ **MAP** 付録 P.14 A-4

☎078-903-1550 🏠火曜(祝日の場合は翌日休)、不定休 🕐11:00～なくなり次第閉店、17:00～なくなり次第閉店 🚩北区有馬町839-2 🚶神戸電鉄有馬温泉駅から徒歩7分 🅿なし

オリジナルグッズを販売
吉高屋
よしたかや

有馬の名産品と和雑貨の店。有馬温泉の温泉成分に基づいた入浴剤や温泉水配合コスメが人気。

カメ印美肌石鹼 ¥880
女性の支持率が高い

有馬温泉 **MAP** 付録 P.14 A-3

☎078-904-0154 🏠水曜(祝日の場合は営業) 🕐9:30～19:00 🚩北区有馬町259 🚶神戸電鉄有馬温泉駅からすぐ 🅿5台

進化系炭酸せんべいスイーツ
MITSUMORI CAFE
ミツモリカフェ

炭酸せんべいの老舗「三津森本舗」が営むカフェ。炭酸せんべいをアレンジしたスイーツやピザなどが楽しめる。

炭酸煎餅ティラミス ¥600
ほろ苦いコーヒー味が炭酸煎餅にマッチ

有馬温泉 ▶ **MAP** 付録 P.14 A-4

☎078-904-0107 🏠不定休 🕐9:30～16:00 🚩北区有馬町811 🚶神戸電鉄有馬温泉駅から徒歩7分 🅿なし

カラフルな人形筆
灰吹屋西田筆店
はいふきやにしだふでてん

人形筆(1本) ¥3,300
色とりどりの錦糸を巻き付ける

筆を立てるとぴょこんと顔を出す、不思議な仕掛けの人形筆を販売。一本一本店先で手作りされている。

有馬温泉 ▶ **MAP** 付録 P.14 A-4

☎050-7125-1393 🏠水・木曜 🕐10:00～16:00 🚩北区有馬町1160 🚶神戸電鉄有馬温泉駅から徒歩7分 🅿なし

\PICK UP/
「金泉」と「銀泉」の違いって?

有馬温泉といえば赤茶色の「金泉」と無色透明の「銀泉」がある。それぞれの特徴を知って湯あみを楽しもう。

茶褐色の美肌の湯
金泉 きんせん

含鉄-ナトリウム-塩化物強塩泉で、空気にふれると酸化して茶褐色に着色することから金泉と呼ばれている。海水よりも塩分が多く保湿効果が高いので湯冷めしにくいのも特徴。

飲用OKの無色透明の湯
銀泉 ぎんせん

銀泉の湯は金泉とは違い無色透明なのが特徴。二酸化炭素泉(炭酸化炭素泉)で毛細血管を拡張し、血液の流れを良くする働きがある。銀泉は飲用することもでき、胃腸病などにも効くといわれている。

TANSAN SENBEI

CHECK
定番みやげ

有馬せんべい本舗
ありませんべいほんぽ

ひょうたんのイラストのパッケージが特徴の炭酸せんべいとこだわりの小麦粉で作った炭酸せんべい。一口サイズやクリームを挟んだクリームせんべいなども人気。

炭酸せんべい(丸缶・30枚入り) ¥756
昔ながらの製法で作る伝統の味

有馬温泉 ▶ **MAP** 付録 P.14 A-3

☎078-904-0481 🏠無休 🕐8:30～18:00 🚩北区有馬町266-10 🚶神戸電鉄有馬温泉駅からすぐ 🅿なし

金の湯の施設の横には無料で利用できる足湯があるので歩き疲れた足をひと休みさせよう。

Go to
Suburb 02

良質な温泉に癒やされる
有馬温泉の至福の宿

趣向を凝らしたおもてなしや旬の食材を使った懐石料理など
伝統息づく名宿でゆったりくつろぎステイはいかが?

omotenashi

有馬温泉は
歴史ある旅館も
多いね

&MORE

エステで
リラックス

100%の植物オイルで全身をリンパマッサージ。食事付きの日帰りプランもあるので、旅行計画に合わせて温泉とエステ両方欲張りに体験しよう。

男性には客室でできる指圧
マッサージがおすすめ

1. 赤褐色の金泉を露天風呂で満喫。情緒あふれる大浴場も 2. 最新の換気設備を導入した銀泉露天貴賓室「吉兆」 3. 2023年11月にリニューアルした東館「銀泉半露天特別室」 4. 初夏になると庭で自然の蛍観賞もできる 5. 四季折々の姿で楽しませてくれる庭園 6. 完全個室料亭「花海棠」

創作懐石料理が自慢の料亭旅館

欽山 きんざん

伝統的な数奇屋造りの料亭旅館。量より質を重視した料理には厳選した旬の食材を使う。ゆったりとした大人なステイを楽しめる。

※通常期の宿泊は中学生以上に限る。

有馬温泉▶ MAP 付録 P.14 A-3

☎ 078-904-0701 休 不定休 IN15:00、OUT12:00
室 31室 ¥ 1泊2食付5万7800円〜 住 北区有馬町1302-4 神戸電鉄有馬温泉駅から徒歩3分 P 60台

海、山、里の旬素材を使った懐石料理
を一品一品ゆっくり味わう

ジャパニーズモダンの温泉宿

露天風呂にはくつろげるように椅子も配され
癒やしのひと時が楽しめる

SPA TERRACE 紫翠 スパテラスしすい

「兆楽」の姉妹館として2017年に誕生した和モダンな宿。Sweets&TeaやNightcapなど、時間ごとのラウンジサービスやアメニティなど女性目線のおもてなしが人気。

1. モダンな要素が織り込まれた露天風呂付き客室　2. 夕食はダイニングにて和フレンチをコース仕立てで　3. ロビーのソファもデザイン性が高くおしゃれ

有馬温泉 ▶MAP付録 P.2 B-1
☎078-904-0622 休無休 IN15:00、OUT11:00
🏠14室 ¥1泊2食付2万8000円～
📍北区有馬町1656-1
🚃神戸電鉄有馬温泉駅から徒歩10分 P100台

1. 約1400坪という広さの敷地に建物が点在する　2. 客室はすべてが離れ。100㎡以上の和洋室は、格調あるインテリアが冴える

1. 彩り豊かな四季に合わせた料理の数々　2. 有馬名物、金泉の満ちる開放的な露天風呂

西洋と東洋の美しさが融合

有馬山叢 御所別墅 ありまさんそうごしょべっしょ

外国人専用だった清水ホテルの跡地に、全室100㎡の離れサーマルスイートや湯屋、食事棟が点在。上質感と癒やしに満ちた空間が広がり、独特の風情を見せる。食材を生かした山家料理も一級品。

有馬温泉 ▶MAP付録 P.2 B-2
☎078-904-0554 休不定休 IN15:00、OUT12:00
🏠10室 ¥1泊2食付9万2100円～ 📍北区有馬町958 🚃神戸電鉄有馬温泉駅から徒歩12分(送迎あり、予約制) P20台

有馬温泉最大級の大浴場

兵衛向陽閣 ひょうえこうようかく

太閤秀吉から「兵衛」の名を授かった、歴史ある有馬のなかでも屈指の旅館。趣の違う3つの湯処があり、そのすべてに金泉露天風呂を備える。世界的にも有名な神戸牛など、その時々の旬の味が詰まった会席料理も人気。

有馬温泉 ▶MAP付録 P.14 A-4
☎0120-400-489 休不定休 IN14:30、OUT11:00
🏠126室 ¥1泊2食付2万4620円～ 📍北区有馬町1904
🚃神戸電鉄有馬温泉駅から徒歩6分 P150台

「兵衛向陽閣」の温泉はローマ風や湯治場風など趣が異なり何度入っても楽しめる。

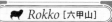
六甲ならではの遊び場で
心も体もリフレッシュ♪

Go to
Suburb 03

マウンテンエアーを感じて

絶景を求めて六甲山へおでかけ

神戸を代表する絶景スポット「六甲山」。展望台や大パノラマのテラス、
異国情緒あふれる建物に牧場…。爽やかな空気に包まれた癒やしスポットへ。

六甲山のランドマーク

自然体感展望台
六甲枝垂れ

しぜんたいかんてんぼうだいろっこうしだれ

「六甲山に建つ一本の大き
な樹」がコンセプトのアート
な建築。印象的なひのきの
フレームは夜になるとライト
アップされ、より幻想的な雰
囲気に。期間限定でアートイ
ベントも開催される。

六甲山 ▶ MAP 付録 P.14 B-1

☎078-894-2281
🏠木曜 ⏰10:00〜20:30
¥1000円 📍灘区六甲山町五介
山1877-9 🚡六甲ケーブル六甲
山上駅から六甲山上バスで10分、
六甲ガーデンテラス下車すぐ
🅿340台

1

4

3

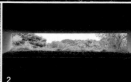
2

1. 1000万色以上の色彩で表現する光のアート　2. 冬になるとツララ観賞もできる
風穴　3. 上部になるほどフレームが細かくなり、陽光に当たって木漏れ日になる
4. 夏には新緑、冬には雪景色と自然を感じながら絶景が楽しめる

ACCESS

バス

阪神御影駅・JR六甲道駅・阪急六甲駅から神戸市バス16系統六甲
ケーブル下方面に終点まで乗り、六甲ケーブルに乗り換えて山上駅
下車。六甲山牧場へはスカイシャトルバス、六甲ガーデンテラスへは
山上バスを利用。

 問い合わせ　神戸市総合インフォメーションセンター
📞078-322-0220

電車

三ノ宮駅 ──── JR神戸線・快速 ────▶ 六甲道駅
　　　　　　　　4分 170円

車

三宮から国道2号を東へ走り、表六甲ドライブ
ウェイから山上へ

おしゃれなテラスから絶景を

六甲ガーデンテラス
ろっこうガーデンテラス

明石海峡から大阪平野まで見渡せるパノラマが自慢の絶景スポット。欧風の敷地内には展望台やカフェ、レストラン、ショップなどさまざまな施設があり景色以外も見応え抜群。

六甲山 ▶ **MAP** 付録 P.14 B-1

☎078-894-2281 休木曜
⏰9:30〜21:00（季節、店舗により異なる） 📍灘区六甲山町五介山1877-9 🚌六甲ケーブル六甲山上駅から六甲山上バスで10分、六甲ガーデンテラス下車すぐ
🅿340台

Nice View

1. 大パノラマが見渡せる「見晴らしのテラス」
2. 英国風の建物に囲まれ異国情緒あふれる雰囲気
3. 石段に座りながらゆっくり夜景を望める

牧場でヒツジたちとふれあう

神戸市立六甲山牧場
こうべしりつろっこうさんぼくじょう

緑に囲まれた牧場で、ヒツジたちがのんびり草を食べる光景はアルプスにいるかのよう。羊毛クラフトや乳製品の手作り体験が楽しめる工房、レストランなどがある。

六甲山 ▶ **MAP** 付録 P.14 A-2

☎078-891-0280 休火曜
¥600円（12〜翌2月は400円）
⏰9:00〜16:30 📍灘区六甲山町中一里山1-1 🚌六甲ケーブル六甲山上駅からスカイシャトルバスで15分、六甲山牧場下車すぐ
🅿318台

Cute!

神戸チーズ ¥1,180
六甲山牧場の
オリジナルチーズ

ホースショーやシープドッグショーなど動物とふれあうイベントもたくさん。

"Stay" 体験

いろんな人と出会いたい♡

おしゃれな **ゲストハウス** にSTAY

ホテルより格安で気軽、デザインもさまざまなゲストハウスが続々誕生中。
老若男女、国を越えた多種多様な人と会話を楽しもう！

1. 白を基調にした清潔感のあるドミトリー。女性専用もある　2. すぐ近くにある銭湯へ温泉セット（¥500）を借りて入りに行こう　3. シャワーは24時間利用可能。乳液やコットンなど無料アメニティも充実　4. 共用施設では冷蔵庫や電子レンジなども利用可能

地元の人と交流できる
山小屋風ゲストハウス

Minato Hütte 20室
ミナトヒュッテ

旅好きのオーナーが山小屋をテーマにビル1棟をリノベートしたゲストハウス。1階のバーでは地元民や旅人が気軽に交流できる場を提供している。フリーアコモデーション（宿で働き無償で宿泊）も採用している。

三宮　▶ **MAP** 付録 P.7 C-4

☎078-219-3302　休無休
♥中央区二宮町4-6-3
🚶JR三ノ宮駅から徒歩5分
Pなし

Stay DATA	
¥ ミックスドミトリー	¥3,000
レディースドミトリー	¥3,200
🕐 In 16:00　Out 11:00	

外国人も訪れるアットホームなゲストハウス♪

What's GUEST HOUSE
ゲストハウス

Q よく聞くけどどんな宿のこと？

A アメニティやサービスなどを一切省いた素泊まりの宿。海外ではバックパッカー御用達宿として知られる。バス（シャワー）・トイレは共用がほとんど。

Q ゲストハウスを選ぶポイントは？

A 初対面の人と交流したいならカフェやラウンジ併設のゲストハウスがオススメ。部屋に2段ベッドが数台置いてあるドミトリーが一般的。カップルは個室があるところへ。

Q 共有スペースって誰でも使えるの？

A ロビーラウンジ、リビング、キッチン、バス、洗面所、トイレなどが共有スペース。誰でも使えるけど、ゲストハウスごとにルールがあるから事前に確認しよう。

Q おすすめの過ごし方は？

A 共用キッチンがあれば、自炊を楽しむことができる。せっかくなので、ラウンジやリビングなどで、宿泊者とのコミュニケーションをするのも楽しい。

Artistic
和と洋のアートが交錯する
個性的なゲストハウス

ぐっすり眠れそう！

1. 宿泊者以外も利用できるカフェも営業　2. 旅行先でも寛いでほしいと遊牧民の意味を持つ「ノマド」とつけた　3. 日当たりのいいベランダでコーヒー片手に雑談も　4. 部屋はシンプルながら細かい装飾が施されている

ユメノマド 9室

世界中の人が交流できる場を作りたいと築50年以上の宿をリノベーション。日本らしい床の間や洋風の調度品など、どこかレトロな落ち着いた空間では、一人でも大勢でも過ごしやすいようにという女将の思いが詰まっている。

湊川公園　**MAP** 付録 P.4 A-3

☎078-576-1818　休 無休　♀兵庫区新開地1-2-2
♠神戸高速新開地駅からすぐ　P なし

Stay DATA

¥ ドミトリー ¥3,000～
　個室 ¥5,000～

🕐 In 16:00～22:00
　Out 12:00

個性豊かなゲストハウスが多いのでいろいろなところに泊まってみると新しい出会いもあって楽しい。

ご当地ネタまるっとお届け

神戸ジモトーク

コーヒー

モロゾフが日本で初めてバレンタインデーにチョコレートを贈るというスタイルを広告で紹介。

バレンタインチョコ

1. 店では石臼で豆を引き、当時の味を再現 2. 神戸にはコーヒー文化が深く根付いている 3. 当時の様子がうかがえる版画が店内に

明治11(1878)年に放香堂加琲が日本で最初にコーヒーを販売。今でも神戸港は輸入量が多く、珈琲メーカーもたくさん。

ほうこうどうこーひー
放香堂加琲
元町 ▶ MAP付録 P.12 B-2
☎078-321-5454 休不定休
⏰9:00～17:30 中央区
元町通3-10-6 放香堂
ビル1階 🚃JR元町駅
から徒歩4分 Pなし

1. ロシア革命で亡命した職人が始めた洋菓子店が始まり 2. パッケージデザインが素敵な当時のチョコレート商品

カフェモロゾフ
こうべハーバーランドウミエてん
カフェモロゾフ
神戸ハーバーランドumie店
ハーバーランド ▶ MAP付録 P.10 B-3
☎078-382-7136 休施設に準ずる ⏰10:00～19:30 中央区東川崎町1-7-2 神戸ハーバーランドumieサウスモール1階 🚃JR神戸駅から徒歩5分 P3000台

あれもこれも!?
実は多い神戸発祥のもの

パクッ

バウムクーヘン

ドイツ人のカール・ユーハイム氏がユーハイムを神戸に出店し、ドイツの味を広めた。

フランスパン

フランスパン指導員として来日したフィリップ・ビゴ氏が神戸に「ビゴの店」を創業。フランスの味わいが日本へ浸透した。

わたしが教えます！

兵庫県のあるあるネタや、旅の参考にしたい地元の人が知るとっておきの情報をご紹介！

旅好きライター
Manami Nojima

新神戸駅から徒歩5分で
絶景の滝！

雄滝、夫婦滝、鼓ヶ滝、雌滝と名付けられた4つの滝が流れ落ちる布引の滝。駅から徒歩すぐで行ける癒やしスポットとして人気。

ぬのびきのたき
布引の滝
北野 ▶ MAP付録 P.5 C-1
☎078-333-3330(神戸市総合コールセンター) 休見学自由 🚃JR新神戸駅から徒歩5分(雌滝まで) Pなし

布引の滝、最大の落差43mを誇る「雄滝」

神戸で出産祝いといえば
ファミリア

日本を代表するベビー・子ども服ブランド、ファミリア。本店はレストランやカフェを併設しているので、ぜひチェックしたい。

ファミリアこうべほんてん
ファミリア神戸本店
旧居留地 ▶ MAP付録 P.8 B-3
☎078-321-2468 休不定休 ⏰10:30～18:00(金～日曜、祝日は～19:00) 中央区西町33-2 🚃JR元町駅から徒歩8分 Pなし

ミニバッグ 各¥3,300
神戸本店限定

118

県民に愛される味
ソウルフードはコレ!

玉子焼き（明石焼）
ふわふわに焼き上げた生地をだしにつけていただく

家庭の味

ふわふわ食感

神戸に来たなら、地元ならではのローカルグルメも見逃せない。神戸っ子が昔から愛する味を食してみよう!

B級グルメの代表

そばめし
ご飯に細かく刻んだ焼きそばを加えて炒めたもの

いかなごのくぎ煮
瀬戸内のいかなごを醤油、砂糖、生姜で煮詰めた佃煮

銘酒をきき酒♪
酒造りの町、灘へ

きくまさむねしゅぞうきねんかん
菊正宗酒造記念館

魚崎 ▶ MAP付録 P.2 B-3
☎078-854-1029 休無休 🕘9:30〜16:00（閉館16:30) ¥無料 ♀東灘区魚崎西町1-9-1 🚃阪神魚崎駅から徒歩7分 Ⓟ14台

はくつるしゅぞうしりょうかん
白鶴酒造資料館

住吉 ▶ MAP付録 P.2 B-3
☎078-822-8907 休無休 🕘9:30〜16:00（閉館16:30) ¥無料 ♀東灘区住吉南町4-5-5 🚃阪神住吉駅から徒歩5分 Ⓟ15台

「灘の生一本」で全国に知られる酒造りの街。灘にはたくさんの酒造メーカーが今も点在し、酒蔵を訪れることができる。

約1000点の大工道具を歴史や種類、和の伝統美といったコーナーに分けて展示。緑に囲まれたモダンな建築も居心地が良い。

日本で唯一!?
大工道具の奥深い展示

たけなかだいくどうぐかん
竹中大工道具館

新神戸 ▶ MAP付録 P.5 C-2
☎078-242-0216 休月曜（祝日の場合は翌日休) 🕘9:30〜16:00 ¥700円（高校生・大学生500円、中学生以下無料）♀中央区熊内町7-5-1 🚇地下鉄新神戸駅から徒歩3分 Ⓟ6台

HOW TO GO TO KOBE

ACCESS GUIDE 交通ガイド

DEPARTURE ✈

[まずは神戸をめざす]

ココだけは おさえたい！ Key Point

◆神戸への移動の基本は新幹線、飛行機、高速バスの3種類。
◆飛行機の神戸便は便数が少ないので旅行計画の前に時間を確認しておこう。
◆関西空港からは関空ベイ・シャトル（船）で神戸空港まで移動可能。

RECOMMENDED ACCESS 各地からおすすめのアクセス

Origin 出発地		Transportation 交通機関 ✈AIR 🚃TRAIN 🚌BUS	Operation 運行会社	Time to Destination 所要時間 🕐TIME	Normal Fare 通常運賃 ¥PRICE	Frequency 便数
東京	TOKYO	羽田ー伊丹	ANA／JAL	1時間10分	¥29,640	1日30便
		羽田ー神戸	ANA	1時間15分	¥29,370	1日2便
			SKY	1時間20分	¥16,170	1日6便
		東京駅ー新神戸駅	新幹線のぞみ	2時間45分	¥15,490	毎時3〜4本
名古屋	NAGOYA	名古屋駅ー新神戸駅	新幹線のぞみ	1時間5分	¥8,430	毎時1〜4本
札幌	SAPPORO	新千歳ー伊丹	ANA/JAL	2時間	¥54,060	1日10便
		新千歳ー神戸	ANA	2時間	¥53,770	1日3便
			SKY	2時間5分	¥26,770	1日3便
			ADO	2時間5分	¥46,040 変更可能運賃	1日2便
仙台	SENDAI	仙台ー伊丹	ANA／JAL／IBX	1時間25分	¥40,340	1日14便
		仙台ー神戸	SKY	1時間30分	¥23,090	1日2便
広島	HIROSHIMA	広島駅ー新神戸駅	新幹線のぞみ・みずほ	1時間15分	¥10,730	毎時2〜5本
福岡	FUKUOKA	福岡ー伊丹	ANA／JAL／IBX	1時間5分	¥28,830	1日10便
		博多駅ー新神戸駅	新幹線のぞみ・みずほ	2時間15分	¥15,690	毎時1〜4本
那覇	NAHA	那覇ー伊丹	ANA／JAL	1時間50分	¥44,690	1日5便
		那覇ー神戸	SKY	1時間50分	¥27,640	1日4便
			SNA	1時間50分	¥41,340	1日3便

（※各航空会社の名称は❯❯P.121）

記載の内容は2024年1月現在のものです。以降はダイヤ改正や運賃改定などにより変更になる場合がありますので、おでかけの際は事前にご確認ください。
ANA・JALと路線が重複するAPJ・JJPは、記載の料金よりも割安になります。飛行機の料金は、空港施設等利用料を含む通常期の普通運賃です。

知っておきたいコト

　飛行機の路線がある地域からは飛行機利用が時間的には早いが、神戸空港から市内中心部へは30分ほどかかる。さらに関西空港を利用した場合は関空ベイ・シャトルの乗車時間を含めると1時間以上は見ておくべきだろう。しかし、もし何か月も前に旅行日程が決まっているなら早期割引運賃が適用されるので、飛行機でも費用は十分抑えられる。当日でもチケットの手配が楽で列車に乗るまでの手間もかからない新幹線は、旅慣れていない人でも安心。新神戸駅から10分ほどで三ノ宮まで移動できるので、神戸に到着してから移動に時間をかけたくない人には新幹線がオススメ。時間がかかってもいいからとにかく料金を安く抑えたいなら高速バスを利用しよう。

アクセス比較表

	時間	費用	特徴
飛行機	◎	○	移動時間がいちばん短い。セットプランや早割で購入するのがおすすめ。
鉄道	○	○	早得きっぷやぷらっとこだまなどお得なきっぷも販売。
高速バス	△	◎	本数が多く料金も安いが、移動時間が長い。交通費を節約したい時には便利。

RESERVATION & CONTACT
✈ 予約をするなら

Ⓡ ESERVATION…予約　Ⓒ ONTACT…問い合わせ

●飛行機（航空会社）
Ⓡ Ⓒ JAL（日本航空）　📞 0570-025-071
Ⓡ Ⓒ ANA（全日空）　📞 0570-029-222
Ⓡ Ⓒ IBX（アイベックスエアラインズ）📞 0570-057-489
Ⓡ Ⓒ SKY（スカイマーク）　📞 0570-039-283
Ⓡ Ⓒ ADO（エア・ドゥ）　📞 011-707-1122
Ⓡ Ⓒ APJ（ピーチ・アビエーション）📞 0570-001-292
Ⓡ Ⓒ JJP（ジェットスター・ジャパン）📞 0570-550-538
Ⓡ Ⓒ SNA（ソラシドエア）　📞 0570-037-283

●鉄道
Ⓒ JR東海サービス相談室　📞 050-3772-3910
Ⓒ JR九州案内センター　📞 0570-04-1717
Ⓒ JR四国電話案内センター　📞 0570-00-4592

BUDGET ACCESS
✈ 交通費をおさえるなら

［関西空港を活用する］

神戸空港へは発着地や便数が限られているが、大阪の関西空港からアクセスする方法も選択肢に入れると幅が広がる。新千歳空港や成田空港をはじめ各地からLCCが乗り入れており、関西空港から神戸空港までも関空ベイ・シャトルで繋がっているのでアクセスも楽。とにかく便数と値段を気にする人にはおすすめ。

LCCはココから飛べる！

釧路・新千歳・仙台・成田・新潟・松山・福岡・長崎・宮崎・鹿児島・那覇・石垣・奄美大島	APJ	⟷	関西空港
新千歳・成田・高知・宮崎・熊本・長崎・大分・福岡・那覇・宮古	JJP	⟷	関西空港

●機内持込荷物には重量制限がある
●機内預入荷物は基本的には有料

［自由度の高いフリーツアーを利用する］

大手航空会社2社やJR東海では、HP上で航空券・新幹線+宿泊をセットにしたお得なパッケージ商品を販売。それぞれ組み合わせ自由にアレンジできる。各種体験メニューなどのオプションも付け加えることが可能（それぞれ申し込み期限あり）。旅行代理店などでも同じような商品を販売しているので、各社HPなどで確認を。

航空会社の航空券・新幹線+宿泊プラン

 JAL … ダイナミックパッケージ
 ANA … トラベラーズダイナミックパッケージ
JR東海ツアーズ … EX旅パック

［低予算で移動できる高速バス］

交通費を抑えたいという人におすすめなのが高速バス。乗り換えいらずの気楽さも人気の秘訣。夜行・昼便を含めて各地からたくさんの路線があり、特に夜行便なら早朝に神戸へ着くので1日たっぷり観光を楽しめる。バスの種類もさまざまなので、予算や条件に合ったものをチョイスしよう。

おもなルート

路線	交通機関	料金	所要時間
東京駅八重洲南口⇒三ノ宮バスターミナル	JRバス関東ほか	¥4,500〜	9時間35分
名鉄バスセンター⇒三ノ宮バスターミナル	名鉄バスほか	¥3,460	3時間17分
岡山駅西口⇒神姫バス三ノ宮バスターミナル	両備バスほか	¥2,900	2時間45分
高松駅⇒三ノ宮バスターミナル	JR四国バスほか	¥4,300〜	2時間40分

ACCESS GUIDE 交通ガイド

ARRIVAL

［神戸に着いたらどう動く？］

ココだけは おさえたい！ Key Point

◆JRや地下鉄などが集結する三宮が観光の起点。

◆主要な観光名所は三宮駅から徒歩でも移動可能。

◆市内を循環するバス「シティーループ」（◎付録P.15-16）を上手に利用して移動を楽に。

有馬温泉 ARIMA ONSEN

新神戸 SHIN-KOBE ②

六甲 ROKKO ③

伊丹空港 OSAKA AIRPORT

空港リムジンバス BUS 約40分・¥1,070

④

三宮 SANNOMIYA

神戸の街は コンパクトだから 移動もラクチン♪

①

KOBE AIRPORT 神戸空港

関空ベイ・シャトル BOAT 約30分・¥1,880

KANSAI AIRPORT 関西空港

シティーループ路線図

① シティーループのバス停

!) インフォメーション

神戸布引ハーブ園／ロープウェイ

新神戸 ⑫!) 新神戸駅前（1F）

北野異人館 !)⑩

北野坂

旧北野小学校 ⑧ （トアロード）

北野町 ⑨

地下鉄三宮駅前 （北行）⑦

神戸三宮

!)⑬ 地下鉄三宮駅前（南行）

大倉山

花隈

みなと元町駅前

南京町 南口 南京町東口（元町商店街）

元町

西元町 ⑲

西元町 ③

⑥ 神戸三宮

⑮ ⑱ ⑭ 三宮センター街東口

市役所前

⑤ 京町堀

旧居留地 （市立博物館）

ハーバーランド （モザイク前）②

かもめりあ （神戸港観光船乗り場・ ポートタワー西）①

⑰ ポートタワー前

⑯ メリケンパーク

★ TRAVEL TIPS ★

FOR ARRIVAL

現地を周遊するのに便利なフリーきっぷは、あちこち移動しても安く済み、いちいち切符を買う手間も省けるのでおすすめ。

≪ ABOUT BUDGET TICKETS. ≫ お得なきっぷ

市バス・地下鉄共通1日乗車券

山側も海側も欲張りに移動するならこれ。市バスと地下鉄で神戸市内全域を自由にアクセス可能。地下鉄のみの1日乗車券は830円。

料金：¥1,040
販売：地下鉄各駅売店、定期券発売所

シティーループ1日乗車券

神戸都心部の観光地をガイド付きでめぐるシティーループが1日乗り放題に。一回の運賃が260円なので3回乗ればお得になる。交通系ICカードの利用も可。

料金：¥700
販売：シティーループバス車内、神戸市総合インフォメーションセンター（三宮）など

神戸街めぐり1dayクーポン

神戸市街地エリアの電車が1日乗り放題の乗車券に、神戸の観光施設で800円分を1回だけ利用できる「施設利用券」がセットになったお得なチケット。

料金：¥1,000（神戸エリア版）
販売：神戸市内の観光案内所、ホテルなど

神戸は移動がコンパクト

JR、地下鉄、阪急電鉄、阪神電鉄（山陽電鉄）、ポートライナーなどの路線が集まる三宮駅が移動の起点。ここから目的地の最寄り駅を調べ、路線を選べばスムーズに移動できる。また、神戸市内の観光地は徒歩で移動できる場所も多いが、循環バス「シティーループ」をうまく乗りこなせば楽に移動できるので、バス停や乗り方などしっかりチェックしておこう。

CONTACT

✈ 問い合わせ先

●鉄道
JR西日本お客様センター　☎0570-00-2486
神戸市営地下鉄　☎078-321-0484
神戸新交通（ポートライナー）　☎078-302-2500

●空港リムジンバス
空港リムジンバス総合案内　☎06-6844-1124
阪神バス尼崎営業所　☎06-6416-1351

三宮へ

① 神戸空港→三宮駅
KOBE AIRPORT→SANNOMIYA STATION

電車（ポートライナー）　　18分・¥340
▶神戸空港駅→（ポートライナー）→三宮駅
▶日中1時間に9～14本

バス（空港リムジンバス）　　22分・¥340
▶神戸空港→（神姫バス）→三宮駅
▶日中1時間に1本、16時～21時まで1時間に1～4本

② 新神戸駅→三宮駅
SHIN-KOBE STATION→SANNOMIYA STATION

電車（地下鉄）　　2分・¥210
▶新神戸駅→（地下鉄西神・山手線）→三宮駅
▶日中1時間に8～12本

六甲山へ

③ 三宮駅→六甲山上駅
SANNOMIYA STATION→ROKKOSANJO STATION

電車（阪急、神戸市バスなど）　1時間3分・¥1,010
▶阪急三宮駅→（阪急神戸本線）→六甲駅→
（神戸市バス16系統）→六甲ケーブル下駅→
（六甲ケーブル）→六甲山上駅
▶阪急：日中1時間に5～6本／
神戸市バス：日中1時間に8～10本

有馬温泉へ

④ 三宮→有馬温泉
SANNOMIYA→ARIMAONSEN

電車（地下鉄、北神急行、神鉄）　30分・¥690
▶三宮→（地下鉄西神・山手線、北神急行）→
谷上駅→（神鉄有馬線）→有馬口駅→
（神鉄有馬線）→有馬温泉駅
▶地下鉄・北神急行（谷上行き）：日中1時間に4～7本／
神鉄：日中1時間に4本

バス（高速バス）　　30分・¥780
▶三宮バスターミナル→（有馬エクスプレス号）→
有馬温泉
▶日中1時間に1～2本

アクセス＆さんぽ3つのポイント

POINT 1 「山側」と「海側」を使いこなそう
神戸では、方角を「山側」「海側」と表現することが多い。山側が北で、海側が南になる。

POINT 2 三宮と元町の間は歩ける
各線の三宮駅と元町駅間は700mほど。高架下やセンター街をぶらぶら歩いて苦にならない距離だ。

POINT 3 大阪（梅田）～神戸（三宮）間の移動
JRなら新快速か快速の早く発車するほうに乗ればOK。阪急なら特急、阪神は特急か直通特急に迷わず乗ろう。※いずれも日中の場合

●Discovery　●Gourmet　●Shopping　●Healing　●Experience

Special Thanks

Thank you!

COLOR + PLUS
カラープラス

神戸

Director
昭文社編集部

Editor
STORE

Editorial staff
STORE(今井寿美子、櫛本由紀、
角佳苗)

Photogragh
合田慎二、マツダナオキ、福家信哉、
嶺倉崇、昭文社編集部(保志俊平)、
Fotolia

Art direction
GRAPHIC WAVE

Design
MOMONGA
GRAPHIC WAVE
アド・エモン
砂川沙羅

Cover design
ARENSKI(本木陽子)

Character design
shino

Map design
yデザイン研究所(山賀貞治)

Map
田川企画(田川英信)

DTP
ヒカミ写真製版

Special thanks to
関係各市観光課
観光協会
関係諸施設
取材ご協力の皆さん

2024年4月1日　2版1刷発行
発行人　川村哲也
発行所　昭文社

本社:〒102-8238　東京都千代田区麹町3-1
☎0570-002060(ナビダイヤル)
IP電話などをご利用の場合は　☎03-3556-8132
※平日9:00〜17:00(年末年始、弊社休業日を除く)
ホームページ: https://www.mapple.co.jp/

COLOR + PLUS シリーズ

See you next trip!